GUANGDONG SHENG
XINYIDAI DIANZI XINXI HANGYE
FAZHAN BAOGAO
（2024）

广东省新一代电子信息行业
发展报告（2024）

广东省电子信息行业协会　编

许晓民　编著

SPM
南方传媒　广东人民出版社
·广州·

图书在版编目（CIP）数据

广东省新一代电子信息行业发展报告. 2024 / 广东省电子信息行业协会编；许晓民编著. -- 广州：广东人民出版社, 2024.12. -- ISBN 978-7-218-18237-7

Ⅰ. F426.67

中国国家版本馆 CIP 数据核字第 2024PH3584 号

GUANGDONG SHENG XINYIDAI DIANZI XINXI HANGYE FAZHAN BAOGAO（2024）

广东省新一代电子信息行业发展报告（2024）

广东省电子信息行业协会　编

许晓民　编著

版权所有　翻印必究

出　版　人：肖风华

策划编辑：梁　茵
责任编辑：廖志芬　梅璧君
责任技编：吴彦斌
装帧设计：奔流文化

出版发行：广东人民出版社
地　　址：广州市越秀区大沙头四马路 10 号（邮政编码：510199）
电　　话：（020）85716809（总编室）
传　　真：（020）83289585
网　　址：http://www.gdpph.com
印　　刷：广州小明数码印刷有限公司
开　　本：787mm×1092mm　1/16
印　　张：14.25　字　　数：223 千
版　　次：2024 年 12 月第 1 版
印　　次：2024 年 12 月第 1 次印刷
定　　价：68.00 元

如发现印装质量问题，影响阅读，请与出版社（020-85716849）联系调换。
售书热线：（020）87716172

编委会

　　2023年，在俄乌冲突、巴以冲突和大国博弈等世界秩序中的动荡因素推动下，发达经济体饱受通胀困扰、新兴经济体缓慢复苏、欠发达国家面临债务危机，直接影响消费者信心和支出，智能手机、彩电等消费电子市场需求疲软，叠加终端调整库存等不利因素影响，全球消费电子终端出货量持续下滑，为新一代电子信息产业的高质量发展蒙上了阴影。但阴霾之中有亮色，人工智能、卫星通信等新技术与终端硬件的融合驱动行业迭代和创新，硅能源、储能等新产业的发展成为产业发展新动能，电子信息行业回升向好的积极因素正累计增强。面对国际国内新形势、新问题、新挑战，广东省全面贯彻落实省委"1310"具体部署和全省高质量发展大会部署，坚持制造业当家，向新转型、向新提质、向前而行，重塑电子信息产业竞争新优势，推动电子信息产业实现高质量发展，充分发挥稳定全省工业经济大盘的"压舱石"作用，挑起全国电子信息制造业高质量发展的"大梁"。

　　当前，世界之变、时代之变、历史之变正以前所未有的方式展开，新一代电子信息产业发展正面临风急浪高的国际环境和艰巨繁重的国内发展任务，产业发展形势中的不确定因素增多，推动电子信息产业高质量发展的任务依旧迫切。从国际来看，受俄乌冲突、巴以冲突等因素影响，全球融资环境持续收紧，美国、欧洲、日本、韩国等主要经济体进入通胀期，消费市场疲软，全球消费电子市场需求陷入低迷期，导致我国电子信息产品出口订单减少。与此同时，美国对我国科技企业的打压不断升级，从组建"芯片四方联盟"再到拉拢荷兰、日本等国对半导体设备、材料出口进行管制，电子信息产业链供应链的安全稳定受到严重挑战。从国内来看，我国经济恢复的基础尚不牢固，需求收缩、供给冲击、预期转弱三重压力仍然较大，出口、消费、投资三驾马车拉动力出现了疲软，电子信息产业增速大幅放缓。

广东作为全国电子信息产业大省，电子信息产业已成为广东工业的第一大支柱产业，是支撑引领广东经济发展的主导力量。2023年，广东省电子信息制造业实现营业收入4.71万亿元，占全国电子信息制造业的31.2%，连续33年位居全国首位。手机、程控交换机和彩电等主要电子信息产品的产量和信息消费规模均列全国首位，在新一代电子信息领域中，8家企业年度营收超1000亿元，入围世界500强、中国企业500强、全国电子信息百强企业榜单分别有2家、10家和17家，国家专精特新"小巨人"企业616家，工信部单项冠军示范企业25家，工信部单项冠军产品企业39家，数量均居全国前列，是我国最大的电子信息产品生产制造基地、全球最重要的电子信息产业集聚区。但我们也要看到，国内外消费电子市场持续疲软，对企业生产经营及出口形成制约，加上广东中低端的电子产品结构缺乏市场竞争力、部分企业外迁，对广东电子信息制造业平稳增长带来明显冲击。2023年，全省规上电子信息制造业增加值同比增长3.6%，分别比浙江、河南、江西低3.6、10.0、5.6个百分点。但广东新一代电子信息产业长期向好的基本面没有改变，随着《电子信息制造业2023—2024年稳增长行动方案》等一系列政策措施发布落地，政策红利将在2024年集中释放，内需市场将成为产业高质量发展的重要支撑。以ChatGPT、卫星通信技术为代表的多项新技术产业化落地进程进一步提速，赋能经济社会发展，带来整体生产力与生产效率的提升，将成为进一步加快建设新型工业化的关键引擎。在折叠屏手机、智能电视、VR/AR设备等高端化、智能化产品创新引领下，消费电子市场有望逐步回暖，广东省电子信息制造业经济发展基本盘将得到进一步巩固。汽车电子、锂电池、光伏等新兴领域市场化步伐加快，将成为支撑广东省电子信息产业高质量发展的新动能。

基于电子信息产业发展现状及面临的机遇挑战，广东省电子信息行业协会组织编制了《广东省新一代电子信息行业发展报告（2024）》。本书从广东新一代电子信息产业由"起家"到"当家"、由"广东制造"向"广东智造"转变促进产业高质量发展的角度出发，全面系统深入地剖析了广东新一代电子信息产业的发展现状和趋势，对2023年全国电子信息制造业发展情况、广东新一代电子信息产业发展情况、重点行业领域情况、单项冠军企业与专精特新"小巨人"企业发展情况、行业政策、行业热点等方面进行了全方位的阐述，对未来发展趋势进行了展望，并发布2024年广东省电子信息制造业综合实力百强企业及广东省电子信息制造业高成长创新企业名单。全书分为综合篇、行业篇、企业篇、政策篇、热点篇5个部分共15章。

综合篇，详细阐述了2023年我国及广东省新一代电子信息产业发展情况，总结概括了我国及广东新一代电子信息产业的发展特点，分析新形势下产业发展存在的主要困难和问题，并对电子信息产业发展趋势进行分析研判。

行业篇，根据广东新一代电子信息产业各细分行业领域占全省新一代电子信息产业比重和发展潜力，选取了通信设备制造、消费电子、集成电路、超高清视频显示、电子元器件、新型储能6个重点行业进行论述，对各重点行业在2023年的发展情况进行了回顾，从产业规模、骨干企业、技术创新、产业生态、产业集聚等多角度总结各细分行业领域发展情况，并研判各行业未来的发展趋势。

企业篇，根据2023年广东省电子信息企业营业收入、研发经费投入等关键指标建立企业评价模型综合分析研究，选出了综合实力排名前100名的企业和发展潜力大的高成长创新企业，并发布2024年（第五届）广东省电子信息制造业综合实力百强企业榜单和广东省电子信息制造业高成长创新企业榜单，编制2024年广东省电子信息制造业综合实力百强企业分析报告和高成长创新企业分析报告，展现广东电子信息制造业龙头企业、高成长创新企业发展动态。同时，围绕制造业当家和现代化产业体系建设工作部署，对广东省新一代电子信息领域单项冠军企业、专精特新"小巨人"企业近几年的培育情况进行了总结，分析了单项冠军企业、专精特新"小巨人"企业在推动电子信息产业高质量发展、激发创新活力、稳定产业链供应链等方面所发挥的重要作用。

政策篇，论述了2023年我国、广东省新一代电子信息产业领域出台的重点政策，并对《电子信息制造业2023—2024年稳增长行动方案》《广东省发展新一代电子信息战略性支柱产业集群行动计划（2023—2025年）》等深刻影响广东省新一代电子信息产业高质量发展的政策文件进行了深度解析，判断新一代电子信息产业领域的最新政策动向和产业未来发展重点。

热点篇，对2023年影响新一代电子信息产业发展的热点事件进行了全面盘点，深入分析了它们对行业的影响，并对主要研究机构预测性观点进行了综述。

习近平总书记视察广东期间强调"中国是个大国，要重视实体经济，走自力更生之路。关键核心技术要立足自主研发，也欢迎国际合作"，"进一步提升自主创新能力，努力在突破关键核心技术难题上取得更大进展"[1]，充分体现了总书记对电子信息产业发展的高度重视，为我们奋进新征程、推进广东现代化建设指明了前进方向、提供了根本遵循。面对新变局、新挑战，着力提升产业链供应链韧性和安全水平，形成具有自主可控、稳定畅通、安全可靠的产业链供应链，在关键时刻不掉链子，事关广东电子信息产业高质量发展大局。全面贯彻党的二十大精神，深入贯彻习近平总书记对广东系列重要讲话和重要指示精神，坚持稳中求进工作总基调，完整、准确、全面贯彻新发展理念，把高质量发展作为广东新一代电子信息产业发展的首要任务和总抓手，加快形成新质生产力，推动产业结构持续优化，质量效益稳步提升，为广东打赢产业基础高级化、自主化、现代化的攻坚战，加快广东制造业迈向全球产业链价值链高端，构建世界先进水平的先进制造业基地、全球重要的创新集聚地、高水平开放合作先行地奠定坚实基础。

---

① 习近平2023年4月10—13日在广东考察时的讲话。

目　录
Contents

◤ 企业篇 ────────────

▶▶ 政策篇

▶ 热点篇

综合篇 1

第一章
2023年中国电子信息制造业行业发展状况

摘　要： 2023年是疫情防控转段后经济恢复发展的一年，是全面贯彻落实党的二十大精神的开局之年，也是我国电子信息制造业发展史上具有里程碑意义的一年。面对风急浪高的国际环境和艰巨繁重的改革发展稳定任务，我国电子信息全行业全面贯彻党的二十大和二十届二中全会精神，深入学习贯彻习近平总书记关于加快发展电子信息产业的重要论述，坚持稳中求进工作总基调，完整、准确、全面贯彻新发展理念，统筹扩大内需战略同深化供给侧结构性改革有机结合，出台《电子信息制造业2023—2024年稳增长行动方案》等政策文件，实施制造业重点产业链高质量发展行动，改造升级传统产业，巩固提升优势产业，培育壮大新兴产业，前瞻布局未来产业，加快建设以科技创新为引领、先进制造业为骨干的现代化产业体系，为我国电子信息制造业生产恢复向好提供有力支撑。2023年，我国电子信息制造业面对全球经济复苏乏力、局部冲突频发、市场透支及库存积压等不利因素，展现出坚强韧性，全年行业运行呈现先抑后扬走势。

第一节　中国电子信息制造业发展情况

一、产业发展整体情况

（一）行业生产恢复向好

受局部冲突延宕、通胀居高不下、高利率环境下加息后遗症显现等不利因素影响，全球消费电子终端需求疲软，在一定程度上给行业平稳发展带来冲击。在多重不确定因素面前,全行业全面贯彻党的二十大精神,全面落实"疫情要防住、经济要稳住、发展要安全"重大要求,扎实做好"六稳""六保"工作,推动全国电子信息制造业保持平稳增长,产业体现出了良好的韧性和稳定性。2023年,全国规模以上电子信息制造业增加值同比增长3.4%,增速比同期工业低1.2个百分点,但比高技术制造业高0.7个百分点,对工业生产拉动作用明显。从全年规模以上电子信息制造业增加值增速来看,一季度至前四季度行业增加值累计增速分别为-1.1%、0.0%、1.4%和3.4%,全行业整体运行呈现前低后高的发展态势(见图1-1)。

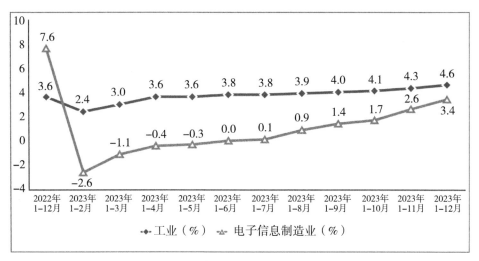

图1-1　2023年电子信息制造业和工业增加值累计增速
数据来源：工信部。

（二）行业效益逐步恢复

2023年,在需求收缩、供应端持续扩张的背景下,电子信息制造行业运行承压。我国大力推动人工智能、卫星通信、折叠屏等新兴技术与终端硬件的融合驱动行业迭代和创新,加速推进硅能源、储能等新产业的发展成为激发产业发展的新动能,在促消费、推技改、减负降费等政策助力推动下,行业企业经济效益逐步恢复。2023年,全国规模以上电子信息制造业实现营业收入15.1万亿元,同比下降1.5%,较1—11月份回升0.3个百分点;营业成本13.1万亿元,同比下降1.4%;实现利润总额6411亿元,同比下降8.6%,较1—11月份回升2.6个百分点。营业收入利润率为4.2%(见图1-2)。

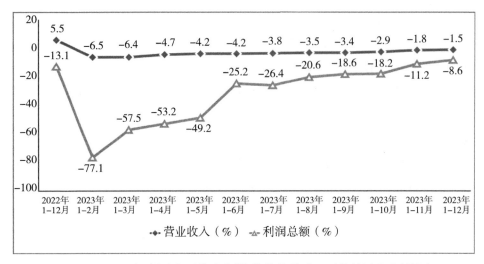

图1-2　2023年全国电子信息制造业营业收入、利润总额累计增速

数据来源：工信部。

（三）行业出口增速有所回落

2023年上半年，在中美贸易摩擦长期化、海外市场需求萎缩和美国对中国产业链持续打压的背景下，我国电子信息行业产能加速向外转移，出口订单减少。下半年，随着世界经济回暖，印度、越南等东南亚新兴市场需求复苏，我国电子信息制造业出口逐月向好，为全年实现外贸促新提质打下了基础。2023年，全国规模以上电子信息制造业实现出口交货值6.24万亿元，同比下降6.3%，增速较1—11月回升0.1个百分点（见图1-3）。根据海关总署统计数据，2023年我国高新技术产品出口8425.42亿美元，同比下降10.8%。其中电动载人汽车、锂离子蓄电池和太阳能电池等"新三样"产品合计出口1.06万亿元，首次突破万亿大关。重点产品出口表现出回暖态势，自动数据处理设备及其零部件1875.13亿美元，同比下降7.5%；出口笔记本电脑1.4亿台，同比下降15.1%，较上年同期回升10.2个百分点；出口手机8.02亿台，同比下降2.0%，较上年同期回升0.5个百分点；出口集成电路2678亿个，同比下降1.8%；出口电视机139.7亿美元，同比增长9.9%，增速高于去年同期31.2个百分点；出口印刷电路175.28亿美元，同比下降11.0%。

图1-3　2023年全国规上电子信息制造业企业出口交货值增速情况

数据来源：工信部。

（四）固定资产投资平稳增长

2023年，我国持续推进技术改造，电子信息制造业固定资产投资保持稳定增长，产品结构不断优化，投资对稳增长、调结构发挥了比较好的关键作用。2023年，我国规模以上电子信息制造业完成固定资产投资额同比增长9.3%，比同期工业投资增速高0.3个百分点，但比高技术制造业投资增速低0.6个百分点（见图1-4）。

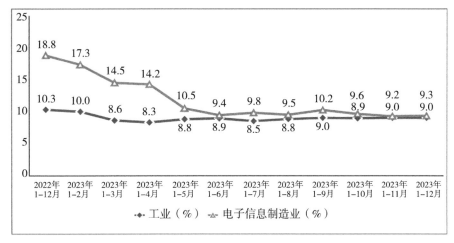

图1-4　2023年全国规上电子信息制造业固定资产投资增速情况

数据来源：工信部。

（五）多区域营收降幅收窄

2023年，规模以上电子信息制造业东部地区实现营业收入10.28万亿元，同比下降1.2%；中部地区实现营业收入2.53万亿元，同比下降1.5%；西部地区实现营业收入2.19万亿元，同比下降3.3%；东北地区实现营业收入0.10万亿元，同比增加9.0%；四个地区电子信息制造业营业收入占全国比重分别为68.1%、16.7%、14.5%和0.7%（见图1-5）。从我国电子信息制造业三大分布区域来看，规模以上电子信息制造业京津冀地区实现营业收入0.75万亿元，同比下降2.8%，营收占全国比重5.0%；长三角地区实现营业收入4.26万亿元，同比下降1.8%，营收占全国比重28.2%；珠三角地区实现营业收入4.71万亿元，同比下降0.6%，营收占全国比重31.2%。

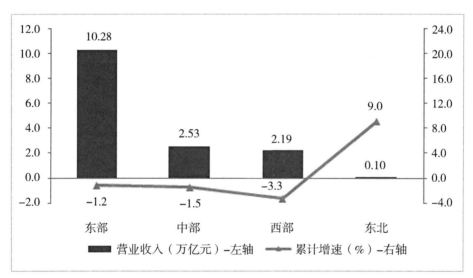

图1-5　2023年全国电子信息制造业分地区营业收入增长情况

数据来源：工信部，广东省电子信息行业协会整理。

二、产业分领域情况

（一）通信设备行业分化发展

2023年，由于我国建设成全球最大规模的5G网络，5G网络投资高峰期已过，三大运营商纷纷削减在5G方面的投资力度，如中国移动2023年5G网络投资额为880亿元，较2022年减少80亿元，2024年进一步降至约为690亿元。下游需求的放缓，导致上游通信系统设备制造业发展萎缩。2023年，全国程控交换机产量507.0万线，同比下降42.6%，上年同期为增长47.3%；移动通信基站设备653.9万射频模块，同比下降17.1%，上年同期为增长16.3%。截至2023年底，全国移动通信基站总数达1162万个，其中5G基站为337.7万个，占移动基站总数的29.1%，占比较上年末提升7.8个百分点，已建成全球规模最大、技术领先的5G网络，实现覆盖全国所有地级市城区、超过98.0%的县城城区和80.0%的乡镇镇区，并逐步向有条件、有需求的农村地区逐步推进。在通信终端设备制造业方面，由于2023年下半年中东、非洲和拉丁美洲的智能手机市场复苏，在消费者对AI助手、折叠屏、卫星通信和端侧处理等增强功能需求的推动，虽然智能手机市场在2023年初整体表现低迷，但是下半年手机市场却表现出了快速增长的势头，行业回暖态势明显。IDC数据显示，2023年第四季度，全球智能手机出货量3.26亿台，同比增长8.5%；中国智能手机市场出货量约7363万台，同比增长1.2%。中国信通院数据显示，2023年全年，国内手机市场总体出货量累计2.89亿部，同比增长6.5%，其中5G手机出货量2.4亿部，同比增长11.9%，占同期手机出货量的82.8%。国家统计局数据显示，2023年，全国手机产量15.7亿台，同比增长6.9%，增速高于去年同期13.1个百分点，其中智能手机产量11.4亿台，同比增长1.9%，高于上年同期9.9个百分点。

（二）计算机行业逐步复苏

2023年，由于需求逐渐弱化，加上库存过剩和宏观经济环境变化，计算机市场需求疲软，行业表现低迷。但随着库存的逐步消化，AI PC释放市场需求，PC市场正逐渐走出低谷，计算机行业呈现出缓慢复苏的发展态势。IDC（International Data Corporation国际数据公司）数据显示，2023年第一季度包括台式机、笔记本电脑和工作站在内的传统PC的全球出货量为5690万台，同比下降29.0%，上年同期为下降5.1%；第二季度全球PC出货量为6160万台，跌幅收窄至13.4%；第三季度出货量为6820万台，跌幅水平已下降至7.6%；而第四季度则仅为6710万台，同比下滑更是收窄到了2.7%。国家统计局数据显示，2023年，全国电子计算机整机产量3.46亿台，同比下降17.6%，增速低于上年同期9.5个百分点。其中广东省产量为8158.15万台，位居全国榜首，其次是重庆市和四川省，产量分别为7400.53万台、5345.09万台。产量第四至第十的省市依次为江苏（2864.68万台）、江西（2371.9万台）、安徽（2143.03万台）、上海（1931.85万台）、湖北（1394.95万台）、云南（744.05万台）和福建（648.58万台）。分地区看，2023年我国电子计算机整机产量以西南区域占比最大，约为39.07%，其次是华东区域，占比为29.54%。

（三）彩电行业市场持续低迷

2023年，由于房地产市场复苏不达预期、产品更新换代周期拉长、智能投影在家庭显示中已形成规模以及消费者观看体验难以满足等情况，中国彩电市场产销两端疲软。国家统计局、奥维云网数据显示，2023年，全国彩电产量1.93亿台，同比下降1.3%，增速低于去年同期7.7个百分点；中国彩电市场零售量为3142万台，同比下降13.6%，零售额为1098亿元，同比下降2.3%。但Mini LED、高刷新率120Hz+和大尺寸75+成为市场热点，推动中高端彩电市场渗透率稳步提升，量降额升成为行业发展的主基调。奥维云网数据显示，2023年，中国彩电市场120Hz+产品零售量渗透率已达31.9%，较2022年增加16.4%。同时大尺寸产品（75英寸及以上）零售量和零售额实现全面增长，75英寸产品零售量渗透率为19.9%，较2022年增长6.4%，渗透率增长最为明显。此外，中国彩电5000～10000元市场零售额渗透率为29.6%，较2022年增长3.2%；万元+市场零售额渗透率为20.3%，较2022年增长1.8%，中高端彩电渗透率稳步提升。

从彩电品牌国内出货量情况来看，洛图科技数据显示，2023年中国电视市场规模创十年新低，品牌电视整机出货量为3656万台，比2022年下降8.4%。与此同时，海信、小米、TCL、创维这TOP4品牌的出货量市场份额增长5.4个百分点至79%。第一阵营的年出货量门槛从500万台增至600万台。其中海信系品牌夺得2023年中国电视市场的出货量第一，亦是当年出货量唯一站上800万台的电视品牌群，市场占有率为23%，海信激光电视的全球出货量份额约为50%，位居全球第一；小米（含红米）全年出货超770万台，市场占有率为21.2%；TCL（含子品牌）全年出货超680万台，同比增长6.9%，其中子品牌雷鸟大幅增长超50%，合并市场占有率提升2.7个百分点，达到18.7%；创维（含子品牌）全年出货约600万台，市场占有率较2022年提升了3.0个百分点。而第二阵营的年出货规模门槛降至了100万台，其中长虹、海尔、康佳三大品牌的全年出货总量约480万台，较2022年足足减少了200万台，三大品牌的出货量同比降幅均在20%以上。华为全年出货总量约90万台，同比降幅达到近40%。此外，外资四大品牌索尼、三星、夏普、飞利浦在中国市场的全年出货总量不到150万台，同比下降近20%，合计市场占有率只剩4.0%。

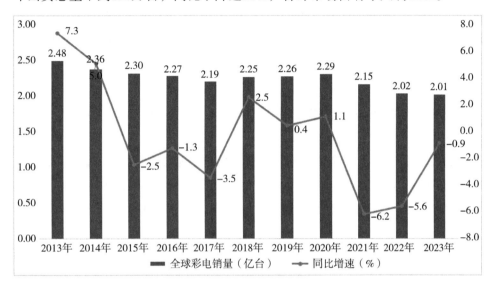

图1-6　2013—2023年全球彩电出货量

数据来源：Omdia，广东省电子信息行业协会整理。

（四）电子元器件行业持续向好

我国已经形成世界上产销规模最大、门类较为齐全、产业链基本完整的电子元器件工业体系，电声器件、磁性材料元件、光电线缆等多个门类电子元器件的产量全球第一，电子元器件产业整体规模已突破2万亿元，在部分领域达到国际先进水平。回顾2023年，电子元器件市场受到地缘政治危机、全球通胀等多重因素的影响，呈现出错综复杂的发展形势。一方面，下游终端的需求分化，手机、平板电脑、笔记本电脑等部分消费电子产品的需求下降，对电子元器件需求减少。另一方面，AI算力中心、智能汽车、物联网设备等领域的需求则增长迅速，带动行业整体呈快速发展态势。根据国家统计局数据显示，2023年，我国光电子器件产量1.44万亿只，同比增长12.5%，增速高于上年同期25.7个百分点。从出口情况来看，印刷电路板出口规模为404亿块，同比下降6.7%，较上年同期收窄3.0个百分点；二极管及类似半导体器件出口5937亿个，同比下降9.1%，增速较上年收窄4.0个百分点；有机发光二极管（OLED）平板显示模组出口2.80亿个，同比增长17.2%；原电池出口290亿个，同比下降0.6%，增速较上年收窄5.3个百分点。特别是电动载人汽车、锂离子蓄电池和太阳能电池"新三样"产品合计出口1.06万亿元，增长了29.9%。随着全球经济回暖，新能源汽车、物联网、5G通信等新兴产业的强劲拉动，以及手机、智能家电等消费电子市场的复苏，在国内政策和市场的双重支持下，国产替代将成为大趋势，尤其是在成熟制程的车规级芯片、功率器件、传感器等领域，国内厂商有望实现技术突破和市场突围，预计电子元器件行业将迎来新的增长周期。

（五）集成电路产业转向疲软

2023年上半年，受全球消费电子产品需求疲软及宏观经济低迷、半导体库存高企等因素影响，全球半导体行业进入需求疲软阶段，市场明显收紧，我国集成电路产业发展呈现疲软态势。下半年，伴随AI商用需求和下游消费电子市场需求回暖、库存改善，全球集成电路市场企稳回升，我国集成电路产业发展稳健向好。SIA数据显示，2023年全球半导体销售额同比下降8.2%至5268亿美元，行业企业营收和利润普遍萎缩，英特尔、高通、台积电、三星等外资龙头企业，中芯国际、华虹半导体等我国本土企业全年业绩下滑明显。国家统计局数据显示，2023年，我国集成电路产量3514.4亿块，同比增长6.9%，增速较上年同期回升16.7个百分点。

从进出口情况来看，2023年，受需求低迷直接影响，我国集成电路进出口量额及单价均有所下降，但降幅有所收窄。海关总署数据显示，2023年我国集成电路出口量2678.3亿块，同比下降1.8%，增速较2022年同期回升8.2个百分点；出口额1359.7亿美元，同比下降10.1%，增速基本上与2022年持平，集成电路进口量同比下降10.8%至4795.6亿块，增速较2022年同期收窄4.6个百分点；进口额同比下降15.4%至3493.8亿美元，进出口量额均连续第二年同比下降。我国集成电路进出口平均单价分别同比下降5.2%、8.5%，连续两年增长后下降。细分产品中，占集成电路进出口额超25%的存储芯片进出口平均单价分别下降26.2%、20.5%，导致存储芯片进出口额同比下降约20.0%左右。全年贸易逆差同比减少18.5%至2134亿美元，较2022年缩减了484.6亿美元。对主要市场进出口额普遍下滑，但对印度出口有所增长。2023年，中国香港、中国台湾、韩国、越南、马来西亚等是集成电路主要出口市场，除对中国香港出口保持持平外，对其他主要市场出口额明显下滑，特别是对东盟国家的出口额同比下降23.4%至248.8亿美元，但是对印度出口大幅度增长。2023年我国集成电路对印度出口同比增长35%，剔除2023年1月因春季因素导致的下降，对印度出口额连续38个月同比增长，2023年出口额较2019年扩大了1.6倍。进口方面，中国台湾、韩国、马来西亚、日本、越南是集成电路进口主要来源地，进口普遍同比下降，2023年自中国台湾进口集成电路1345.7亿美元，同比下降14.4%；自韩国进口集成电路655.3亿美元，同比下降22.2%；对美国进口受需求及贸易摩擦影响下滑明显，2023年我国自美国进口集成电路同比下降31.6%至82.5亿美元，连续27个月同比下滑。

但是我国半导体产业对日本依赖程度较高，在半导体上游关键产品（设备、材料）方面，日本为我国第一大进口来源地。日本财务省统计显示，2023年日本半导体制造设备对连续四年居份额首位的中国出口同比增长20.5%至101亿美元，增速远大于平均水平，在我国的市场份额占比提升约13%。

根据国内主要晶圆厂设备采购数据显示，截至2023年6月，去胶设备国产化率达到90%以上，清洗设备国产化率约为58%，刻蚀设备国产化率约为44%，CMP设备国产化率为32%，热处理设备国产化率约为25%，CVD设备国产化率为29%，PVD设备国产化率为10%，涂胶显影设备国产化率为29%，离子注入机国产化率为7%，量测设备国产化率为4%，28nm制程光刻设备也实现了零的突破。集成电路制造方面，芯片制造是中国大陆的薄弱环节，特别是在先进制程（10nm以下）方面，鲜有能进入市场的量产芯片。集成电路设计方面，中国芯片设计业的整体影响力偏低，EDA软件受制于人，处于产业链和生态链的从属地位，但在CPU、FPGA、SoC等部分领域取得突破。

（六）光伏产业超预期发展

光伏是我国构建清洁低碳安全高效能源体系的重要一环，国家在"十四五"期间首次将包括光伏在内的新能源定义为新型电力系统的主体能源，对其发展采取了强有力的支持措施。2023年，我国光伏行业持续深化供给侧结构性改革，加快推进产业智能制造和现代化水平，国内制造端、供应端规模不断扩大，出口量再创新高，光伏制造业（不含逆变器）产值超过1.75万亿，同比增长17.1%。国家统计局数据显示，2023年，全国太阳能电池（光伏电池）产量累计5.41亿千瓦，同比增长54%，增速高于2022年同期

6.2个百分点。其中实现多晶硅产量143万吨，同比增长66.9%；硅片产量达到622GW，同比增长67.5%；电池产量545GW，同比增长64.9%；组件产量达到499GW，同比增长69.3%。从出口来看，光伏产品出口量再创新高，但由于主要光伏产品价格出现明显下降，多晶硅、组件产品价格降幅均超过50%，也导致出口总体呈现"量增价减"态势。海关总署数据显示，2023年，中国直径＞15.24cm的单晶硅切片出口量合计79.24亿片，出口金额合计54.09亿美元；电池片（未装在组件内或组装成块的光电池）出口金额合计41.59亿美元；组件（已装在组件内或组装成块的光电池）出口金额合计396.24亿美元；逆变器出口金额合计99.6亿美元。截至2023年底，中国光伏产品累计出口额2453亿美元。出口市场更加多元化，其中欧洲依然是最主要出口市场，约占出口总额的42%；亚洲占比从36%上升至40%。在组件出口方面，一亿美元以上的出口市场数量新增7个，五亿美元以上出口市场新增4个，荷兰、巴西、西班牙和印度依然保持前四大出口市场地位，比利时、沙特阿拉伯、巴基斯坦市场跻身前十。从应用市场发展情况看，2023年国内光伏新增装机216.88GW，同比大增148.1%，再次创年新增装机量的最高纪录，截至2023年，光伏累计装机规模达609.5GW。从新增的装机类型来看，集中式光伏新增装机反超分布式，超过110GW，占比超过50%；分布式光伏新增装机接近100GW。

第二节　中国电子信息制造业发展特点

一、产业规模持续扩大，产业链上下游趋向低迷

从2012年到2023年，我国电子信息制造业增加值年均增速达11.6%，营业收入从7万亿元增长至15.1万亿元，在工业中的营业收入占比已连续十一年保持第一，产业发展规模迈上新台阶。2023年，受世界不稳定因素影响，我国电子信息制造业产业链上下游环节的主要部分细分领域发展呈现出低迷的态势。从主要产品产量增速来看，上游基础类产品产量增长回落，如锂离子电

池产量增速由2021年的增长22.4%转变为2023年增长3.5%，集成电路产量增速由2021年的33.3%回落至2023年的6.9%，光缆产量增速由2021年的11.6%回落至2023年的-6.7%，光电子器件增速由2021年的24.1%回落至2023年的12.5%。同时，由于全球经济复苏缓慢，俄乌冲突带来了高通胀与实际购买力下降，终端市场需求明显收缩，如智能手机产量由2021年的12.7亿台下降至2023年的11.4亿台，增速由2021年的9%下降至2023年的1.9%；微型计算机设备产量由2021年的4.7亿台下降至2023年的3.31亿台，增速由2021年的22.3%下降至2023年的-17.4%。

二、重点领域技术创新取得新突破

2023年，我国电子信息行业的基础性、通用性技术研发取得重要进展，在5G、超高清视频、人工智能、芯片与元器件、终端等领域取得一批重大科技成果，成为推动数字变革的重要力量，引领全球电子信息产业创新潮流。在5G领域，我国已建成全球规模最大、技术领先的5G网络，5G关键技术取得整体性突破，已构筑形成涵盖系统、芯片、终端、仪表等环节较为完整的5G产业链，5G标准必要专利声明数量全球占比达42%。在超高清视频领域，4K/8K电视机出货占比超过70%，"5G+8K"内容制播能力全球领先，超高清内容和频道不断充实，国产摄像机、采编播设备实现产业化并投入使用。在人工智能领域，中国信通院相关数据显示，从2013年到2023年Q3，全球AI专利申请量累计达到129万件，全球AI专利授权量累计超过51万件，其中中国AI专利申请量占全球64%，位列世界第一；2023年61个著名的人工智能模型中有15个来自中国。腾讯"混元"AI大模型在多模态理解领域国际权威榜单VCR中登顶，"紫东太初"AI大模型是全球首个图、文、音三模态大模型，理解和生成能力更接近人类。在半导体领域，国产2.5D/3D装备持续突破，曝光、刻蚀、沉积、显影、去胶、电镀等多款装备进入国内量产线，盛合晶微实现2.5D CoWoS量产，华进半导体联合中科院微电子所和华大九天共同发布了针对2.5D转接板工艺的APDK，推动2.5D集成芯片—封装协同设计；在半导体材料方面，12英寸45-28nm工艺用材料品种覆盖率超过70%，先进存储工艺用材料品种覆盖率超过75%，硅片产品实现对国内FAB厂主要工艺的全覆盖，光刻胶取得突破性进展，I线胶市占率超过20%，KrF胶市占率达10%，

ArF干式胶开始批量应用部分品种ArFi浸没式胶开始小批量应用，溅射靶材实现对国内FAB厂的全面供应，部分产品国际市场占有率超过40%，本土企业已成为CMP抛光材料、特种电子气体、工艺化学品的主力供应商。智能终端领域，折叠屏、AI和卫星通信成为手机领域亮点，华为、OPPO、vivo、荣耀终端、传音等国产品牌纷纷推出各种折叠屏/A2手机产品，且把相关技术进一步向彩电、可穿戴设备等产品扩展应用。2023年折叠屏手机出货量700.7万台，同比增长高达114.5%，保持了高速增长的态势；AI手机方面，国产手机品牌均加速大模型在手机端侧的落地，纷纷亮出手中新品，加速手机行业迈向AI新阶段。OLED、QLED、Mini LED以及激光电视等新型显示技术全面普及，引领彩电市场风向标。元宇宙新兴市场的新用户和VR/AR成熟市场的替代品的出现，特别是健身监测、医疗监测等更多功能的柔性智能手表正引领市场潮流。

三、行业支撑带动作用突出

党的二十大报告明确提出，推动战略性新兴产业融合集群发展，构建新一代信息技术等一批新的增长引擎。2023年，电子信息制造业作为现代科技产业的引领与先导，对其他工业行业中的支撑、引领、赋能作用愈发强劲，为设备赋智、为企业赋值、为产业赋能，激发出了更优的"数字生产力"。如在智能制造领域，基于新一代信息技术与先进制造技术深度融合，将数字化贯穿于设计、生产、销售、服务等制造活动的各个环节，推动制造业实现数字化转型。在5G领域，"5G+工业互联网"创新应用深化扩展，广泛应用到钢铁、机械、交通、能源等40多个国民经济重点行业，全国"5G+工业互联网"在建项目超过4000个。在人工智能领域，作为引领新一轮科技革命和产业变革的战略性技术，人工智能正加速赋能各行业，特别是以人形机器人和通用人工智能为代表的新技术、新产品、新业态蓬勃发展，正成为全球科技创新的制高点、未来产业的新赛道和经济增长的新引擎，促进行业的数字化转型和智能化提升。

第三节 存在的主要问题和困难

2023年以来，我国电子信息制造业整体呈现持续恢复、结构向优的发展态势，但是受宅经济效应减弱、国际局势紧张、高通胀等不利因素影响，面临需求疲软、预期转弱、增势放缓等挑战。

一是出口持续低迷制约行业平稳增长。2023年以来，受全球通胀率高企、主要发达经济体紧缩、货币政策等因素影响，外需持续走弱，外贸订单明显减少，我国电子信息制造业出口交货值持续负增长。2023年12月，全球主要经济体制造业PMI均跌破临界点，包括美国、英国等发达国家制造业PMI进一步下滑，全球经济收缩压力加大，市场需求增长乏力问题突出，我国手机、笔记本电脑等消费终端产品及印制电路板等电子元器件产品出口订单明显下滑。

二是企业外迁加速。美国对我国高端制造业如半导体、人工智能等产业的封锁力度持续加强，印度、越南等国纷纷实施"本土制造"计划，加之中国人口红利、人力成本、业务与需求的驱动，在中美贸易摩擦的背景下，部分企业选择将工厂转移至生产要素成本更低的东南亚国家如越南、泰国等国，企业外迁加速态势明显。如立讯精密、蓝思科技、领益智造、京东方、歌尔股份、舜宇光学、伯恩光学等企业都已经在越南建设生产基地，保持企业在全球市场的竞争力优势。Counterpoint数据显示，中国手机产量在全球中的占比由2016年的75%逐年下降至2021年的67.4%，而印度与越南的手机产量不断攀升。

三是产业链供应链安全性亟待提升。我国电子信息行业发展取得了长足进步，但是在产业链、供应链上仍有很多短板和缺失，特别是在高端芯片、基础材料、核心软件等领域，我国仍明显落后于国际先进水平，产业链供应链受制于人。在半导体材料方面，目前全球半导体制造材料基本被国外公司垄断，虽然目前各大主要品类的半导体材料领域均有国内企业涉足，但整体对外依存度仍在60%以上，特别是大硅片、高端光刻胶等半导体材料对外依存度高达90%以上。在工业软件方面，我国是全球唯一拥有完整工业体系的国家，但当前工业软件渗透率不足10%，工业软件发展现状可以概括为"工程软件弱"+"高端软件少"，工业软件核心技术亟待突破。

第四节　中国电子信息产业发展趋势研判

当前全球信息产业技术创新进入新一轮加速期，云计算、大数据、物联网、移动互联网、人工智能、虚拟现实等新一代信息技术快速演进，新一轮科技革命和产业变革孕育兴起与我国数字经济形成历史性交汇，我国已形成的局部技术优势面临新的挑战。同时，随着中美政治经济关系进入质变期，逆全球化趋势和贸易投资保护主义倾向加强，全球经济贸易分工合作的共识和基础开始动摇。未来新一代电子信息产业发展趋势主要表现为：

一是电子信息制造业有望回暖。展望2024年，全球主要经济体的通胀有所回落，东南亚、拉美等新兴国家市场需求的扩张，人工智能、卫星通信、折叠屏等新技术与终端硬件的融合驱动行业迭代和创新，包括手机、PC等在内的消费电子市场内外需求逐步改善，随着《电子信息制造业2023—2024年稳增长行动方案》等一系列政策措施的贯彻落实，政策红利逐步释放，电子信息制造业有望回暖。IDC预估2024年全球智能手机出货量将达到12亿部，同比增长2.8%，其中折叠屏手机2024年出货量将达到2500万部，同比增长37%，AI智能手机的出货量将达到1.7亿部，占整个智能手机市场的近15%。同时，群智咨询预计2024年全球彩电市场或将迎来微增，整体出货量在2.15亿台，相比2023年有百万台左右的增长。此外，Gartner（高德纳咨询公司）预计2024年PC的总出货量将达到2.504亿台，较2023年增长3.5%。

二是未来产业竞争将日趋激烈。世界经济大国和强国高度重视并加快部署未来产业发展，美国、欧洲、日本等国家和地区相继出台实施未来产业发展战略规划、法案法规以及投资计划，强化前沿技术研发、创新未来产业孵化，积极谋求未来产业全球领导权。美国发布《2020年未来产业法案》《关键与新兴技术国家战略》等政策，重点发展人工智能、先进通信网络等前沿领域，高通、英伟达、谷歌、SpaceX、OpenAI等巨头也纷纷加大在未来产业的布局力度。欧盟于2019年发布《加强面向未来欧盟产业战略价值链报告》，设立规模高达100亿欧元的主权财富基金，计划提高欧洲六大战略性和面向未来产业的全球竞争力和领导力。日本多次提出聚焦发展新一代通信、人工智能等未来产业领域，加速AI、6G发展，计划在2025年建立一个实验性的6G网络，在2030年底前将该技术商业化，并通过税收优惠等措施构建世界前列的开发环境和人工智能创新高地。韩国发布《政府中长期研发投入战略（2019–2023）》《制造业复兴发展战略蓝图》等政策，明确提出发展未来和新产业，并计划到2047年在首尔南部建立一个"半导体超级集群"，将推动三星电子和SK海力士公司的总投资达到622万亿韩元（约4720亿美元）。我国也加大在未来产业布局，北京出台《北京市促进未来产业创新发展实施方案》重点布局未来信息产业、未来空间等6大领域，大力开辟6G、卫星网络等20个未来产业新赛道。上海在《上海打造未来产业创新高地发展壮大未来产业集群行动方案》提出要大力发展智能计算、通用AI、6G技术等未来产业，加快打造未来产业先导区。此外，江苏、内蒙古、吉林、福建等省或自治区在2024年政府工作报告中提出要前瞻布局未来产业，加快核心技术攻关力度，培育新质生产力。

三是产业发展外部形势依然严峻。美国自2018年以来对华实施"小院高墙"政策，持续对我国高科技领域进行打压，且打压力度不断升级。2023年，美国不仅加速对中国半导体出口管制政策的升级，而且还拉拢其盟友以"去风险"之名，推行"去中国化"的政策。如在2023年9月，美国商务部就《2022年芯片和科学法案》发布最终"护栏"规则，禁止获得美国政府资金的公司向中国和俄罗斯半导体行业扩展进行投资，并限制这些公司与"受关注的外国实体"进行联合研究或技术许可工作。2023年10月，美国商务部工业和安全局发布出口管制新规《加强对先进计算半导体、半导体制造设备和超级计算物项出口到有关国家的限制》，更新了对先进计算芯片、半导体制造设备以及支持超级计算应用和最终用途的物项向包括中国在内的武器禁运国家的出口管制措施，并将中国的13家企业列入了实体清单。可以预见，美对我国全方位遏制打压的态势不会变，我国电子信息制造业外部环境依然严峻复杂。

四是国产替代加速将成重要发展趋势。发达国家对我国高技术领域封锁打压并未松动，在工信部基础电子元器件三年行动计划等政策的大力支持下，聚焦我国电子信息产业关键环节和短板领域，关键基础零部件、关键基础材料、先进基础工艺及装备、产业技术基础、工业基础软件等供给能力将得到提升，产业链供应链自主可控水平将进一步提高，国产替代有望提速。

五是消费升级将成为新一代电子信息产业转型升级的新契机。目前来看，基于PC、手机、消费电子产品和其他市场的渐进式创新已进入衰退期，增量空间显著缩小，像手机、PC等能够支持半导体技术快速迭代升级的下一代现象级产品尚未成熟并充分爆发，市场方面的创新需求将存在"缺口"，结构性技术变革仍主要在工程层面，尚未发生能够在短时间内扩大整体经济空间的重大基础技术革命。因此，依托技术和产品形态创新提振手机、电脑、电视等传统消费电子产品，推进折叠屏手机产业生态不断成熟，普及OLED、Mini LED、8K、激光显示等新型显示技术在彩电上的应用，推动虚拟现实与工业生产、文化旅游、融合媒体等行业领域融合深入，促进"智能光伏+储能"在工业、农业、建筑、交通及新能源汽车等领域创新应用，提升高端产品供给能力，成为倒逼产业结构转型升级的新契机。

第二章
2023年广东省新一代电子信息
产业发展状况

摘　要：广东是我国最重要的电子信息产业集聚区之一，全球重要的电子信息产业制造基地。近年来，广东加快培育世界级新一代电子信息产业集群，聚焦以补齐短板做强产业链、以市场为导向提升价值链、以核心技术发展创新链，将广东建设成为全球新一代通信设备、新型网络、手机及新型智能终端、半导体元器件、新一代信息技术创新应用集聚区。2023年，广东全面落实省委"1310"具体部署，坚持制造业当家，加快推进新一代电子信息战略性支柱产业集群高质量发展，全省新一代电子信息产业经济运行呈现先抑后扬的回升向好态势，成功承压企稳，展现出坚强韧性，全年实现工业增加值9637.61亿元，同比增长3.6%。

第一节　广东省新一代电子信息产业发展情况

一、产业发展整体情况

（一）产业规模稳中向好，行业工业生产增速回升

广东省大力实施以实体经济为本、制造业当家发展战略，随着各项稳工业增长和促消费政策持续发力，全省新一代电子信息产业生产加快恢复，企业产能利用率持续回升。2023年，全省规上电子信息制造业增加值稳中有升，实现工业增加值9637.61亿元，同比增长3.6%，增速低于全省规上工业0.8个百分点，较上年同期提升2.5个百分点，占全省23.4%，但增速分别比浙江、河南、江西低3.6、10.0、5.6个百分点；12月当月实现工业增加值1126.27

亿元，同比增长10.6%。全年实现销售产值4.49万亿元，同比下降0.4%，增速低于全省规上工业2.1个百分点，较上年同期回落1.1个百分点，占全省25%；12月当月实现销售产值5188.96亿元，同比增长4.7%（见图2-1、2-2）。

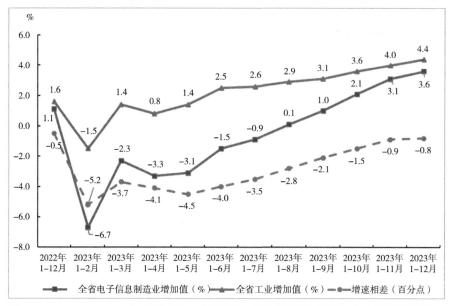

图2-1　2022—2023年全省规上工业和电子信息制造业增加值累计增速情况
数据来源：广东省统计局，广东省电子信息行业协会整理。

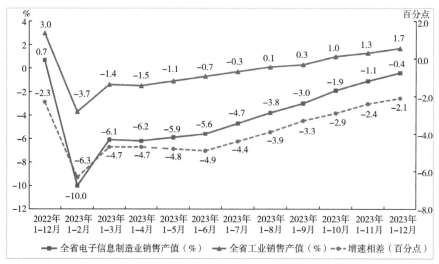

图2-2　2022—2023年全省规上工业和电子信息制造业销售产值累计增速
数据来源：广东省统计局，广东省电子信息行业协会整理。

表2-1　2023年主要省市规上电子信息制造业工业增加值增速情况表

地区	2023年同比增长（%）	2022年同比增长（%）	增速相比百分点
全国	3.4	7.6	-4.2
广东	3.6	1.1	2.5
江苏	2.7	6.3	-3.6
浙江	7.2	14.6	-7.4
四川	2.6	11.3	-8.7
河南	13.6	16.7	-3.1
安徽	4.2	8.7	-4.5
北京	-0.9	3.6	-4.5
重庆	-1.4	-8.4	7.0
湖北	5.1	26.2	-21.1
江西	9.2	32.1	-22.9

数据来源：国家统计局，广东省电子信息行业协会整理。

（二）行业企业效益向新攀高

2023年，受国内外市场需求低迷影响，广东电子信息制造业行业企业营业收入总体略有下降，但通过技术改造、数字化转型、提升高端产品占比等提质增效方式，行业企业效益再创新高。全省规上电子信息制造业实现营业收入4.71万亿元，同比下降0.6%，较2022年同期回落1.5个百分点，增速低于全省规上工业2.1个百分点，高于全国电子信息制造业0.9个百分点，占全省规上工业25.4%，占全国电子信息制造业的31.2%。营业成本3.84万亿元，同比下降2.2%。利润总额2758.01亿元，同比增长37.8%，增速高于全省规上工业26.6个百分点，高于全国电子信息制造业46.4个百分点，占全省规上工业26.1%，占全国电子信息制造业43%。

（三）行业出口交货值持续下滑

2023年，受消费电子市场需求疲软影响，叠加综合运营成本上涨以及新兴经济体对广东电子产品出口替代加快等因素冲击，全省电子信息行业出口交货值增速持续下滑。全省规上电子信息制造业实现出口交货值1.87万亿元，同比下降8.1%，较2022年同期回落9.9个百分点，增速低于全省规上工业0.7个百分点，占全省规上工业51.5%，占全国电子信息制造业30%。12月当月出口交货值1797.04亿元，同比下降10.7%，比11月当月回落3.5个百分点（见图2-3）。

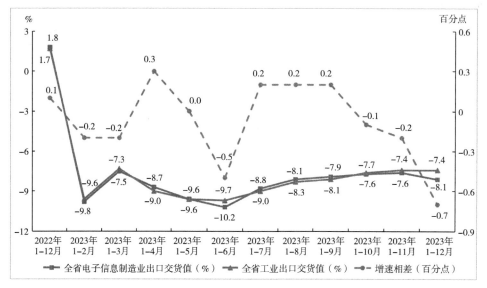

图2-3　2023年全省规上工业和电子信息制造业出口交货值累计增速
数据来源：广东省统计局，广东省电子信息行业协会整理。

（四）重点产品生产增势明显

根据省统计局统计的14种主要电子信息产品产量情况来看，2023年有8类产品同比增长，增长面为57.1%。其中，手机产量增长7.0%，彩电产量增长1.2%，电子元件产量增长9.0%，集成电路产量增长23.8%，液晶显示屏产量增长13.8%，光电子器件产量增长17.9%，锂离子电池产量增长2.7%，半导体存储器播放器产量增长2.6%（见表2-2）。

表2-2　2023年广东省电子信息制造业主要产品产量表

产品名称	单位	2023年		2022年	
		产量	增速（%）	产量	增速（%）
程控交换机	万线	447.74	-46.0	829.71	48.7

（续表）

产品名称	单位	2023年		2022年	
		产量	增速（%）	产量	增速（%）
其中：数字程控交换机	万线	444.59	−46.1	825.34	49.1
电话单机	万部	2767.48	−19.6	3730.57	−21.2
移动通信手持机（手机）	万部	64944.24	7.0	62690.03	−6.4
电子计算机整机	万台	8158.15	−6.7	8085.15	7.5
其中：微型计算机设备	万台	7335.00	−3.2	6948.85	6.4
其中：笔记本计算机	万台	1110.37	−13.8	1268.07	−30.3
集成电路	亿块	685.74	23.8	516.87	−11.7
光电子器件	亿只	6655.70	17.9	5468.47	−16.3
其中：发光二极管（LED）	亿只	6302.71	17.5	5263.24	−16.3
液晶显示屏	亿片	16.72	13.8	16.42	−11.4
液晶显示模组	亿套	8.59	−8.2	10.79	−5.9
电子元件	亿只	30543.85	9.0	28035.42	−25.4
彩色电视机	万台	11060.05	1.2	10792.02	11.5
其中：液晶电视机	万台	10955.11	1.0	10724.17	12.6
智能电视机	万台	8709.28	9.5	7957.95	7.7
数字激光音、视盘机	万台	296.85	−25.0	351.82	−38.9
组合音响	万台	13577.22	−14.5	15545.19	−10.3
半导体存储器播放器（含MP3、MP4）	万个	459.52	2.6	444.62	−9.7
锂离子电池	亿只	69.31	2.7	63.87	1.5

数据来源：广东省统计局，广东省电子信息行业协会整理。

（五）部分地市行业增加值增速回落

广东省电子信息制造业主要集中分布在深圳、东莞、惠州等11个主要城市中，从2023年行业增加值增速来看，珠海、汕尾2个城市电子信息制造业增加值较2022年同期增速大幅下滑，汕头（27.7%）、梅州（16.9%）、惠州（5.2%）等地市电子信息制造业增速较高，珠海（−3.3%）、韶关（−2.9%）等地市电子信息制造业增加值负增长（见表2−3）。

表2−3　2023年全省主要城市电子信息制造业增加值增速情况

地区	2023年同比增长（%）	2022年同比增长（%）	增速相比百分点
全省	3.6	1.1	2.5
广州市	3.2[①]	−6.6	9.8
深圳市	2.9	1.8	1.1
珠海市	−3.3	6.8	−10.1
汕头市	27.7	25.5	2.2
佛山市	2.8[②]	−0.1	2.9
韶关市	−2.9	−11.1	8.2
梅州市	16.9	3.9	13
惠州市	5.2	2.5	2.7
汕尾市	0.1	12.7	−12.6
东莞市	1.7	−1.9	3.6
中山市	6.7	6.7	0

数据来源：各地市统计局，广东省电子信息行业协会整理。

① 由于缺失当年电子信息制造业数据，此处数据为先进制造业的高端电子信息制造业增加值增速。

② 同①。

表2-4　2023年全省电子信息制造业主要指标完成情况

指标	单位	2023年		2022年	
		完成额	增速（%）	完成额	增速（%）
销售产值	亿元	44867.68	-0.4	44371.6589	0.7
工业增加值	亿元	9637.61	3.6	9470.3353	1.1
出口交货值	亿元	18690.55	-8.1	19810.01	6.9
营业收入	亿元	47124.16	-0.6	46682.75	4.6
营业成本	亿元	38442.85	-2.2	38632.96	3.1
利润总额	亿元	2758.01	37.8	2009.04	35.2

数据来源：广东省统计局，广东省电子信息行业协会整理。

二、产业细分领域情况

（一）建设类通信设备延续下滑，消费类通信设备回暖

随着无线通讯市场迅速发展，固话业务在通信行业中的比重逐渐下降，程控交换机等建设类通信设备建设需求持续下降，叠加上年同期基数较高影响，全省建设类通信设备产量增速有所放缓。2023年，广东省程控交换机产量447.74万线，同比下降46%，占全国88.3%，12月当月产量12.49万线，同比下降91%。消费类通信设备方面，进入2023年下半年，华为、苹果等手机厂商相继推出新品，带动了手机市场的回暖，手机产销量明显回升。IDC数据显示，2023年第四季度全球智能手机出货量达到了3.26亿部，同比增长8.5%，结束了连续多个季度的下滑。2023年，广东省手机产量6.49亿台，同比增长7.0%，占全国产量41.5%，增速分别高于全国0.1个百分点；12月当月产量7088.98万台，同比上涨35.7%。

（二）计算机制造增速持续放缓

2023年，疫情期间催生的远程办公、线上学习需求已逐渐饱和，疫情逐渐消退后，消费者对于电脑产品的需求放缓，企业库存积压明显，计算机行业表现低迷。广东省计算机整机产量8158.15万台，同比下降6.7%，增速高于

全国（-17.6%）10.9个百分点，占全国产量23.6%，超四川、重庆位居全国第一。其中，微型计算机设备产量7335万台，同比下降3.2%，增速高于全国（-17.4%）14.2个百分点，占全国产量22.2%；笔记本计算机产量1110.37万台，同比下降13.8%。

（三）彩电产销量稳步增长

2023年，在刺激消费多种政策的扶持拉动下，叠加北美等海外市场的电视产品需求回暖，彩电需求小幅回升。下半年是行业传统销售旺季，在面板持续涨价的预期下，彩电整机制造厂商提前启动备货，推动了全省彩电出货量的回升。2023年全省彩色电视机产量1.11亿台，同比增长1.2%，占全国产量57.3%。广东省五大彩电企业（TCL、创维、康佳、海信、广东长虹）电视机产量7309.85万台，同比增长9.2%；电视机销量7193.97万台，同比增长9.7%。

（四）电子元器件市场有所回暖

进入2023年下半年，电子元器件市场供需两端有所改善，行业去库存接近尾声，企业生产有所回暖。据美国电子元器件行业协会（ECIA）数据显示，2023年12月全球电子元器件销售趋势（ECST）指数回暖上扬，市场回暖态势明显。2023年，全省电子元件产量3.05万亿只，同比增长9%；光电子器件产量6655.70亿只，同比增长17.9%，占全国产量46.3%；液晶显示屏产量16.72亿片，同比增长13.8%。

（五）集成电路产量快速增长

2023年，广东深入实施"广东强芯"工程，随着粤芯半导体二期、深圳中芯国际、芯粤能项目等多个集成电路重大制造项目的建成达产，叠加上年同期基数较低，广东集成电路产量保持稳健增长。2023年，全省集成电路产量685.74亿块，同比增长23.8%，增速高于全国（6.9%）16.9个百分点，占全国产量19.5%，仅次于江苏位居全国第二位。12月当月产量73.53亿块，同比增长41.5%。海关总署数据显示，2023年，全省集成电路出口524.56亿块，同比增长0.2%；出口金额2419.66亿元，同比增长19.8%。全省集成电路进口1627.94亿块，同比下降13.4%；进口金额9785.36亿元，同比下降6.5%。

第二节 广东省新一代电子信息产业发展特点

一、产业总体规模优势明显

2023年，全省规上电子信息制造业实现营业收入4.71万亿元，占全省规上工业25.4%，占全国电子信息制造业31.2%，连续33年位居全国第一；工业增加值9637.61亿元，同比增长3.6%，占全省规上工业的23.4%，位居全省工业第一；出口交货值1.87万亿元，占全省规上工业51.5%，占全国电子信息制造业30%；利润总额2758.01亿元，同比增长37.8%，占全省规上工业26.1%，占全国电子信息制造业43%。

二、创新能力不断增强

广东新一代电子信息产业技术创新能力持续提升，在5G、芯片、关键元器件、新一代通信等多个关键领域取得重大突破。在新一代电子信息领域，拥有国家技术创新中心、制造业创新中心、企业技术中心等国家级的创新载体86个和省级创新载体70个，其中国家级制造业创新中心4个。新型储能创新中心成功获工信部批复，是全国新型储能领域唯一的制造业创新中心。国家印刷及柔性显示创新中心不仅是广东省内第一家国家级创新中心，也是目前全国显示领域唯一的一个国家级制造业创新中心。国家5G中高频器件创新中心专注于5G通信中高频器件领域前沿技术和共性关键技术的研发供给、转移扩散和首次商业化应用的新型制造业创新载体，是目前我国在5G移动通信领域唯一的国家级制造业创新中心。依托广东博华超高清创新中心有限公司，获批与四川省共同组建全国唯一的超高清视频领域国家级制造业创新中心。根据世界知识产权组织（WIPO）公布的数据显示，华为2023年PCT专利申请6494件，位列第一位；OPPO、中兴通讯、vivo和荣耀终端分别以1766件、1738件、1631件和753件排名第9、11、13和30位。

三、骨干企业实力较强

全省新一代电子信息产业重点企业综合能力不断提升，带动作用日益显著，成为支撑广东新一代电子信息产业平稳发展的主导力量。2023年，华为、工业富联、立讯精密、TCL科技、OPPO、富泰华、中兴通讯、TCL实业等企业营业收入突破千亿元。全省2家（华为、立讯精密）新一代电子信息领域企业进入世界500强，10家进入中国企业500强，22家进入中国制造业500强，国家专精特新"小巨人"企业616家，工信部单项冠军示范企业25家，工信部单项冠军产品企业39家，数量均居全国前列。

四、产业生态不断完善

广东已建立完整的电子信息产业链条，在电子材料、芯片元器件、终端制造等全产业链环节，广东均有头部企业布局，形成了"电子材料—芯片元器件—终端制造"完备产业生态体系。在上游电子材料领域，广东是全国主要的电子原材料供应地，电子信息产品所需的磁性材料、电子陶瓷材料等关键材料产品产量位居全国前列。在中游芯片元器件领域，广东是全国芯片元器件的最主要使用地和集散地，也是全国电子元器件产量规模最大、产品门类最齐全、种类最丰富的区域，电子元件总体生产规模占全国的1/3，集成电路产量位居全国第2位。2023年，广东电子元件产量3.05万亿只，同比增长9%，约占全国的三分之一；光电子器件产量6655.70亿只，同比增长17.9%，占全国产量46.3%；集成电路产量685.74亿块，同比增长23.8%，占全国产量19.5%，位居全国第二位。下游终端制造领域，广东是全国最大的电子信息终端产品制造基地，聚集了一大批实力雄厚的电子信息终端产品制造及其关联企业，宏基站、手机、彩色电视机等终端产品产量位居全国首位。2023年，广东手机产量6.49亿台，占全国产量41.5%；彩色电视机产量1.11亿台，占全国产量57.3%。

五、产业集聚效应凸显

广东发挥各地市产业发展优势，建设以珠三角为核心区、东西两翼沿海电子信息产业拓展带和北部终端及配套生态发展区的整体产业布局，基本形成"深莞惠河智能终端产业集聚区""广深惠新型显示产业集聚区""深汕梅肇潮新型电子元器件产业集聚区""广深珠集成电路产业集聚区"等特色产业承载区。其中珠三角核心区依托广州、深圳、珠海、东莞、惠州电子信息产业核心地市的领先优势，协同佛山、江门两个重要地市，重点布局智能终端、新型显示、集成电路和新型电子元器件等领域。沿海经济带东西两翼地区积极承接珠三角核心区电子信息产业转移，逐步形成了显示器件、摄像模组、印制电路、智能装备等领域集聚的发展态势。北部生态发展区与珠三角地区产业对接，形成紧密衔接、互为支撑的新一代电子信息产业分工业态。

六、高端产品占比提升

2023年以来，广东电子信息制造企业特别是终端企业持续围绕高端转型强化主业发展，不断向高端市场进军，推出了更高品质更高价位的产品，品类结构不断优化，高端、高毛利产品的销售占比持续提升，行业企业利润大幅度改善。海关总署数据显示，2023年广东智能手机出口平均单价达177.6美元/台，而2016年仅为56.3美元/台，彩电出口单价904.5元/台，上年同期为826.0元/台。华为在Mate 60系列等高端机型的带动下10月销量同比增长83%，在全球高端智能手机（≥600美元）的市场中的份额由2022年的3%提升至2023年的5%。

第三节　存在的主要困难和问题

一、产业链供应链韧性和安全水平仍有待提升

美国自2018年以来实施"小院高墙"政策，持续对我国高科技领域进行打压，且打压力度不断升级，广东更是受打压的重灾区。2018—2023年期间，广东有30多家电子信息企业曾被美国列入制裁清单，集中在通信设备等领域，且以龙头企业为主，直接威胁电子信息产业链供应链安全稳定。同时，企业受打压后经营业绩放缓，对稳增长的支撑有所减弱，影响广东电子信息制造业增长。

二、出口持续低迷制约行业平稳增长

2023年以来，受全球通胀率高企、主要发达经济体紧缩、货币政策等因

素影响，外贸订单明显减少，手机、笔记本电脑等消费终端产品及印制电路板等电子元器件产品出口明显下滑。海关总署数据显示，2023年，广东智能手机出口1.86亿台，同比下降11.43%，占全国的32.5%；出口金额2327.16亿元，同比下降10.24%，占全国的24.1%。

三、电子信息制造企业长期外迁形势仍然严峻

近年来，受中美贸易摩擦及珠三角地区综合要素成本上涨影响，省外优惠政策吸引以及部分企业出于战略布局需要提升企业国际竞争力的原因，特别是在苹果极力打造"中国+1"的产业链供应链体系下，广东部分电子信息企业外迁，主要以手机、彩电、锂电等领域为主，分布在加工组装环节，且时间集中于2017—2023年。如亿纬锂能2022年先后投资4.22亿美元、99.71亿元分别在马来西亚、匈牙利建设锂电池制造厂，2023年又赴美国设立合资公司投建电池产能。欣旺达动力在海外陆续打造了印度、越南、摩洛哥等全球产业基地，2023年又投资约19亿元在匈牙利建设新能源汽车动力电池工厂。外迁国家则主要集中在越南、印度等国，仅在印度诺伊达地区就聚集了广东华星光电、瀚通通讯、长盈精密、欣旺达、卓翼科技、光弘科技、欧菲光、同兴达等多家电子信息企业。而国内转移方向则是四川、江西等地。一批优秀企业的外迁，极大削弱了广东电子信息制造环节的领先优势，电子信息制造业产业规模、手机等重点消费电子产品产量占全国比重不断降低，产业空心化的风险加大。2010—2023年期间，广东电子信息制造业营业收入占全国比重从最高位的37.8%下降至2023年的31.2%，手机产量占全国比重从最高位的55.0%下降至2023年的41.5%。

四、企业生产经营压力较大

国内外需求走弱导致企业订单不足，叠加近年来能源、部分原材料价格及厂房租金等综合成本上涨因素，企业生产经营压力较大。根据对全省592家电子信息制造企业数据分析，2023年，42.7%的企业营业成本同比上涨，其中159家企业营业成本上涨幅度超10%。在订单不足和综合运营成本持续上升的双重压力下，企业盈利空间被进一步压缩，部分企业出现经营亏损，现金流问题突出，企业负债水平持续攀升，给企业的未来发展带来较大压力。

第四节　广东省新一代电子信息产业发展趋势研判

展望2024年，世界政治经济不确定性还在加剧，欧美等发达国家通胀水平仍处高位，货币政策偏紧，全球经济发展前景仍存下行风险，外需或将持续走弱。此外，伴随全球产业链供应链加速重构，各国采用出口管制、关税壁垒等多种手段推动制造业回流，可能导致全球电子信息产业链供应链格局分裂，将对广东产业链供应链安全稳定性形成明显冲击。广东电子信息制造业仍面临诸多挑战，行业经济平稳增长仍面临较大压力。

但是总的来看，随着《电子信息制造业2023—2024年稳增长行动方案》等一系列政策措施的贯彻落实，政策红利逐步释放，内需市场逐渐成为电子信息产业高质量发展的重要支柱。2024年广东新一代电子信息产业呈现出以下三个积极因素：一是以ChatGPT、卫星通信技术为代表的多项新技术产业化落地进程进一步提速，赋能经济社会发展，带来整体生产力与生产效率的提升，将成为进一步加快建设新型工业化的关键引擎。二是在折叠屏手机、智能电视、VR/AR设备等高端化、智能化产品创新的引领下，全省消费电子市场有序回暖，新一代电子信息产业经济发展基本盘将得到进一步巩固。三是汽车电子、锂电池、光伏等新兴领域市场化步伐加快，将成为支撑广东电子信息产业高质量发展的新动能。

行业篇2

第三章
通信设备制造行业

摘　要：广东省在通信设备制造业处于优势地位，拥有一批具有强大竞争力的龙头企业，形成了宏基站、小微基站、程控交换机、路由器、手机等一批具有国际竞争力的拳头产品，产业链条逐步发展完善，科技创新成果显著，已成为全球重要的通信设备产业创新高地和全国最大的通信设备产品生产制造基地。同时，广东通信设备产业也还存在价值链偏低、关键核心技术受制于人、美国对我国制裁趋严和通信终端市场需求萎缩等突出问题，产业链供应链自主可控能力有待提高。

第一节　广东省通信设备制造业发展概况

一、产业规模全国领先

广东是我国主要的通信设备制造产业集聚区，也是全球重要的通信设备产业创新高地，产业规模、产量和出口量均位居全国首位。2023年全省程控交换机产量447.74万线，占全国83.6%；移动通信基站设备产量509.01万射频模块，占全国77.8%；手机产量64944.24万部，占全国41.5%。海关总署数据显示，2023年，广东智能手机出口量18550万部，占全国的32.5%，位居全国第一；出口金额2327.16亿元，占全国的24.1%，次于河南位居第二位。移动通信基站出口23.30万台，占全国的73.3%；移动通信交换机出口9.9万台，占全国的34.0%；路由器出口2672.97万台，占全国72.0%（见表3-1、3-2、3-3）。

表3-1 2016—2023年全国及广东省手机产量情况表

年度	全国产量（万部）	全国增速（%）	广东产量（万部）	广东增速（%）	广东占比（%）	智能手机产量（万部）
2016	226109	20.3	96752	9.4	42.8	76497
2017	192208	1.6	82750	−5.1	43.1	66462
2018	179846	−4.1	78921	−7	43.9	66350
2019	170101	−6.0	70503	−9.4	41.5	64166
2020	147193	−9.5	61980	13.2	42.1	51592
2021	166152	7.0	66965	5.9	40.3	−
2022	156080.0	−6.2	62690.03	−6.4	40.2	−
2023	156642.2	6.9	64944.24	7.0	41.5	−

数据来源：国家统计局、广东省统计局。

表3-2 2016—2023年广东省手机出口情况表

年度	手机出口量（万部）	手机出口额（万美元）	出口额增速（%）	出口平均单价（美元）
2016	76059	4285055	6.3	56.3
2017	64966	4509813	5	65.4
2018	56819	5440224	16.6	95.7
2019	46131	4330459	21.3	93.9
2020	35285	3457040	1.1	98.0
2021	29463	3964592	14.7	134.6
2022	20943	3874718	−2.3	185.0
2023	18550	3294268	−10.2	177.6

数据来源：海关总署，广东省电子信息行业协会整理。

表3-3　2017—2023年全国及广东省移动通信基站出口情况表

年度	广东出口量（万台）	全国出口量（万台）	广东占全国比重（%）	广东出口金额（亿美元）	全国出口金额（亿美元）
2017	63.05	128.75	48.9	26.91	30.17
2018	39.08	69.85	55.9	22.12	22.95
2019	30.84	54.88	56.2	21.97	22.81
2020	26.18	38.34	68.3	19.97	21.11
2021	32.96	37.03	89.0	20.13	20.87
2022	25.47	44.72	69.28	18.56	19.18
2023	23.30	31.78	73.3	17.62	18.55

数据来源：海关总署，广东省电子信息行业协会整理。

二、骨干企业实力强劲

广东拥有具备一批国际竞争力的龙头骨干企业，引领全省通信设备制造业快速发展。目前广东规模以上通信设备制造企业804家，其中通信终端制造企业达474家、通信系统设备制造企业330家，在手机、路由器、交换机、移动通信基站等领域均有一批实力雄厚的重点企业布局。其中华为是全球通信设备领域的龙头，以30%的市场份额占据2023年全球电信设备市场首位，其智能手机在2023年四季度销量同比增长93%，全年销量同比大涨84%，出货量由2022年的2800万部增加至2023年的4000万部，位列全球第十位，其在国内折叠屏手机市场份额占比达37.4%，位居第一位。中兴通讯占据2023年全球电信设备市场份额的11%，位居全球第四位，5G基站、5G核心网发货量连续四年全球排名第二，光接入产品10G PON市场份额全球排名第二。京信通信是小微基站的龙头，在中国移动5G小基站的集采中，京信通信中标数量及金额均为第一，约占国内小微基站市场份额的60%。普联技术是国内家用路由器领域的龙头，在全球家用路由器市场份额中连续多年位居全球第一位。

三、技术创新活跃

广东深入实施创新驱动发展战略，加快通信设备制造业领域人才链、资金链、政策链、产业链和技术链的有机融合，在芯片、射频前端芯片、5G-A、卫星通信、6G等多个关键领域取得重大突破，涌现出一批创新产品，引领广东通信设备制造行业创新发展。目前广东在新一代网络通信领域有27个国家级、省级创新载体。国家5G中高频器件创新中心是目前我国在5G移动通信领域唯一的国家级制造业创新中心，专注于5G通信中高频器件领域前沿技术和共性关键技术的研发供给、转移扩散和首次商业化应用的新型制造业创新载体。广东省新一代通信与网络创新研究院面向5G接入、工业网络等边缘网络对带宽、时延、可靠性等的精确可控需求，研究时间敏感网络新型体系架构和关键技术，并已在6G太赫兹无线通信技术研究方面取得重大突破，技术水平达到国际先进水平。华为发布了全球首个全系列5G-A解决方案，并成功与运营商合作完成6G赫兹技术验证，其6G专利申请量达3435件，位居全球第二。中兴通讯完成了业界首个5G-A通感一体组网验证测试、国内首次5G NTN手机直连卫星外场验证，多项6G潜在候选技术已成功完成IMT-2030（6G）推进组组织的原型验证测试。通宇通讯在6G通讯、F5G、Wi-Fi6、卫星通信及光模块领域均有一定技术储备，已经完成6G技术研发架构的设计搭建。慧智微作为国内首家量产出货的5G射频前端供应商，5G射频前端产品在OPPO、vivo、荣耀等智能手机机型中实现大规模量产，位列国内5G射频前端量产出货第二。华为、中兴、OPPO、荣耀终端、传音等纷纷发布卫星通信手机，引起智能手机"手机直连卫星"新潮流。根据世界知识产权组织（WIPO）公布的2023年度全球PCT国际专利申请数据来看，华为2023年PCT专利申请6494件，位居第一，OPPO排名第9（1766件），中兴通讯排名第11（1738件），vivo排名第13（1631件），荣耀排名第30（753件），深圳先进技术研究院排名第33（696件）。

四、产业生态日趋完善

广东拥有一批实力雄厚的通信设备龙头骨干企业，在材料、芯片元器件、通信系统设备和通信终端设备等领域均有头部企业布局，初步形成了材料—芯片元器件—通信系统设备—通信终端设备的完整产业生态，是全国通信设备制造产业生态最为完善的区域。在原材料领域，广东在通信设备用磁性材料、电子陶瓷材料等关键材料领域处于领先地位，形成了较为完善的材料配套产业体系，拥有生益科技、风华高科、光华科技等重点企业，其中生益科技刚性覆铜板市场占有率稳定在12%左右，位居全球第二。在芯片与元器件领域，芯片方面，广东在通信设备中所需的基站芯片、手机SoC芯片、FPGA芯片、射频前端芯片等芯片设计领域处于国内领先水平，代表性企业有海思半导体、中兴微电子、慧智微、紫光同创、高云半导体等企业，其中紫光同创是国产FPGA厂商中的龙头企业。元器件方面，广东是全国规模最大、种类最为完善的电子元器件生产地区，其中电子元件总体生产规模占全国的三分之一，光电子器件产量占全国的50%以上，特别是通信设备中常用的光器件、PCB、被动元件等领域处于领先水平，代表性企业有太辰光、潮州三环、珠海光库科技、鹏鼎控股、景旺电子、宇阳科技、广东微容、盛路通信等。在通信系统设备领域，广东在通信设备制造拥有绝对产业优势，形成了宏基站、小微基站、程控交换机、路由器等一批具有较高性价比和竞争力的拳头产品，是全国的主要通信系统设备产品生产制造基地，拥有华为、中兴通讯、京信通信等重点企业。在通信终端领域，广东是全国最大的通信终端产品制造基地，全球重要的智能终端创新高地，拥有OPPO、vivo、华为、荣耀、传音等品牌企业，也有比亚迪、立讯精密、富泰华、深科技、光弘科技等OEM（代工）企业及东莞华贝电子、中诺通讯、龙旗电子（惠州）、天珑移动、卓翼科技等ODM（贴牌）企业，手机产量占全国的40%以上。

五、产业集聚效应突出

广东省根据各地产业发展特色优势，积极打造各具特色优势的通信设备产业发展集聚区，形成了以广深莞惠河为核心的产业布局。其中广州依托京信通信、海格通信、慧智微电子、杰赛科技等企业重点布局5G小微基站、5G中高频器件等领域，2023年广州移动通信基站设备产量为3215射频模块，同比下降40.1%。深圳是广东乃至全国最大的通信设备生产制造基地，服务器、路由器和程控交换机等通信设备产品产量占全省70%以上，形成了较为完善的通信设备制造产业链条，其新一代信息通信集群入围国家先进制造业集群决赛优胜者名单第一批，代表性企业有华为、中兴通讯、普联、腾达、宝德计算机和联想信息（深圳）等，2023年深圳手机产量4.13亿台，同比增长20.1%，占全省手机产量63.6%。东莞依托华为终端、OPPO、vivo等通信设备终端企业，重点发展移动智能终端，是全省乃至全国主要的移动通信终端设备生产制造基地。2023年，东莞手机产量1.76亿台，占全省的27.1%。惠州拥有龙旗电子、中京电子、光弘科技、硕贝德等一大批龙头企业，重点发展与通信设备制造关联紧密的PCB、天线等元器件领域和通信终端制造，构建从网络设备—终端设备—配套器件—场景应用的产业生态，2023年惠州手机产量5197.19万台，占全省的8.0%。珠海在光缆、程控交换机、手机等领域具有一定优势，代表性企业有烽火海洋、佳米科技、高凌信息等。佛山聚焦通信设备所需的天线领域，培育出盛路通信、粤海信、健博通、澳信科技等一批5G基站天线知名企业。东西两翼则以汕头、潮州为核心积极发展5G基础材料、元器件等产业，北部生态发展区则重点布局PCB、铜箔等元器件领域。

第二节　通信设备行业发展趋势

一是ICT基础设施持续向算网融合方向演进。党的二十大报告提出"加快发展数字经济，促进数字经济和实体经济深度融合"，目前我国数字技术基础设施建设已初具规模，数字产业化和产业数字化能力大幅提升，逐步进入科技创新引领发展的新阶段，特别是在全球通胀飙升、能源成本上升、劳动力短缺加剧等不利因素的推动下，数字化转型推动的降本增效成为企业经营的重点方向，信息通信作为推动数字经济发展的中坚力量不断释放新动能，发挥基础性、先导性作用，夯实数字经济承载底座，这对ICT基础设施的规模和质量提出更高的要求，推动行业迈入算网融合的新阶段。此外，随着云原生在IT领域大范围应用，通信行业开始加速将这一技术利用到网元功能和业务功能的敏捷迭代中，并促进通信与计算基础设施的融合，支撑海量垂直行业的差异化需求。

二是"5G+"工业互联网发展将进入快车道。工信部等三部门联合印发的

《关于巩固回升向好趋势加力振作工业经济的通知》中提出，要深入开展工业互联网创新发展工程，实施5G行业应用"十百千"工程，深化"5G+工业互联网"融合应用，加快5G全连接工厂建设，"5G+"工业互联网创新领域正在进入发展新阶段。同时，随着5G定位、5G NPN、5G TSN、5G LAN、5G V2X等针对垂直行业应用的5G技术标准已逐渐成熟，5G芯片模组价格的不断下探，5G工业终端的产品不断丰富，以运营商主导、多主体参与的5G专网生态体系将进一步完善，5G+工业互联网将会进入高景气阶段，相关市场规模有望进一步提升。

三是5G-A、6G有望引领通信设备制造业发展。随着国内政策的持续推动，5G-A将进一步普及，6G有望加速到来，未来6G助力实现空、天、地、海一体化无缝覆盖，通信设备制造产业发展有望提速。根据中国信通院预测，到2040年，6G各类终端连接数相比2022年增长超过30倍，月均流量增长超过130倍。研究机构Market Research Future预计，2040年全球6G市场规模超过3400亿美元，其间年复合增长率将达58.1%，中国将是全球最大的6G市场之一。

第四章
消费电子行业

摘　要：消费电子产品是指围绕着消费者应用而设计的与生活、工作娱乐息息相关的电子类产品，包括手机、电视机、计算机、平板电脑、智能音响、智能穿戴设备、车载智能终端和家居智能终端等。广东省是我国最主要的消费电子产品生产制造基地，手机、彩电、智能可穿戴设备等重点消费电子产品产量、出口量和出货量均稳居全国第一，骨干企业实力强劲，技术创新活跃，产业链较为完整，产业集聚效应凸显，形成以深莞惠为核心、覆盖珠三角、世界上规模最大的消费电子生产制造基地。与此同时，广东消费电子产业也还存在价值链偏低、关键核心技术受制于人、外迁加速等突出问题。

第一节　广东省消费电子行业基本情况

一、广东省消费电子行业总体情况

广东是我国最重要的消费电子产业集聚区，也是全球主要的消费电子产品生产制造基地和创新高地，手机、彩电、可穿戴设备等消费电子产品产量和出口量均位居全国首位。2023年，随着智能化、便捷化、集成化消费电子市场需求的日渐复苏，广东消费电子行业主要运行指标较2022年有明显改善，重点产品产量稳定提升，手机、彩电等消费电子产品产量位居全国首位。省统计局数据显示，2023年，广东手机产量6.49亿台，同比增长7%，增速高于全国0.1个百分点，占全国产量41.5%，12月当月产量7088.98万台，同比增长35.7%。全省计算机整机产量8158.15万台，同比下降6.7%，增速高于全国（-17.6%）10.9个百分点，占全国产量23.6%。其中，微型计算机设备产量7335万台，同比下降3.2%，增速高于全国（-17.4%）14.2个百分点，占全国产量22.2%；笔记本计算机产量1110.37万台，同比下降13.8%。全省彩色电视机产量1.11亿台，同比增长1.2%，增速高于全国（-1.3%）2.5个百分点，占全国产量57.3%。

2023年，随着海外市场的回暖，广东消费电子企业从技术研发、核心制造、品牌建设等多个维度提升差异化和创新性，瞄准新兴市场及技术密集型产品发力，挖掘并抓住海外市场的新潜力与增长点，成功推动了彩电、平板电脑等消费电子产品的出口增长，其中手机、彩色电视机、平板电脑、无线耳机、智能手表等产品出口位居全国首位。海关总署数据显示，2023年，广东智能手机出口1.85亿台，同比下降11.4%，占全国的32.5%，位居全国第一，其中12月单月出口1757.67万台，同比增长22.1%；出口金额2327.16亿元，同比下降10.2%，占全国的24.1%。彩色电视机出口7302.41万台，同比增长5.81%，占全国的73.3%；出口金额660.48亿元，同比增长15.9%，占全国的67.2%。平板电脑出口6389.97万台，同比增长4.7%，占全国的56.2%；出口金额675.47亿元，同比下降1.0%，占全国的41.1%。笔记本电脑出口1360.66万台，同比增长5.1%，占全国的9.7%；出口金额370.31亿元，同比增长4.2%，占全国的7.0%。无线耳机出口3.58亿个，同比增长13.1%，占全国的58.1%；出口金额383.28亿元，同比增长23.0%，占全国的58.5%。智能手表出口3.94亿台，同比下降3.5%，占全国的47.3%；出口金额557.64亿元，同比下降5.6%，占全国的41.6%。

二、骨干企业实力强劲

2023年以来，广东消费电子企业持续围绕高端转型强化主业发展，不断向高端市场进军，推出了更高品质更高价位的产品，品类结构不断优化，营收和产量实现进一步增长，综合竞争力进一步增强。手机领域，华为在Mate 60系列等高端机型的带动下，在全球高端智能手机（≥600美元）的市场中的份额由2022年的3.0%提升至2023年的5.0%，2023年实现营收破7000亿元。OPPO在2023年智能手机市场规模有所下降的情况下仍实现主营业务收入超1500亿元，在2023年全球智能手机市场出货1.03亿部，以8.8%的市场份额位居全球第四位；其在中国智能手机市场份额为16.7%，位居第三位。特别是在折叠屏手机领域，凭借Find N3 Flip的热销，获2023年竖折产品市场第一名，占2023年中国折叠屏手机市场份额的18.3%，位居第二位。荣耀终端继2021年快速恢复之后，连续打造多款爆款产品，2023年实现主营业务收入900多亿元，2023年四季度和2023年出货量排名国内安卓市场第一，占据中国智能手机市场份额的17.1%和中国折叠屏手机市场份额的17.7%，分别位居第二、三位。vivo在2023年第四季度随着X100系列主力新品集中上市，市场表现明显好转，X100系列帮助vivo在高端市场获得消费者的高度认可，在第四季度600～800美元市场上份额位居第三，占据2023年中国智能手机市场份额的16.5%，位居第四位，以9.7%的份额位居中国折叠屏手机市场份额第五位。传音2023年营业总收入达到623.92亿元，同比增长33.9%；全球手机销量达到9490万部，同比大幅增长30.8%，升至全球智能手机市场第五位。彩电领域，2023年广东五大彩电企业（TCL、创维、康佳、海信、广东长虹）电视机产量7309.85万台，同比增长9.2%；电视机销量7193.97万台，同比增长9.7%。其中TCL（集团）实现营业收入2900多亿元，同比增长9.0%，以2526万台的销量蝉联全球品牌第二，中国民族品牌中位居第一。创维集团实现彩电产量1483万台，同比增长0.06%；彩电销量1398万台，同比增长5.5%。计算机整机领域，惠阳联想电子2023年实现营业收入超80亿元，纬创资通（中山）实现主营业务收入超200亿元。智能可穿戴设备领域，广东有华为、小天才、科奈信等重点企业，其中小天才在儿童电话手表市场份额为全国第一。此外，广东还拥有比亚迪、立讯精密、富泰华、富联裕展、深科技、光弘科技、东莞华贝、中诺通讯、龙旗电子、天珑移动、卓翼科技等手机代工企业，以及茂佳科技、兆驰股份、彩迅工业、惠科股份、康冠科技、金品创业等专业电视ODM企业，支撑引领广东消费电子产业发展。

三、技术创新活跃度高

广东消费电子产业技术创新活跃，在芯片器件、快充、折叠屏、卫星通信、AI、新型显示等多项技术方面取得新突破，引领电子整机创新潮流。芯片器件方面，荣耀首款自研射频增强芯片C1，可以实现对多个传统信号弱势场景如地铁、地库、电梯等进行优化。风华高科制备出粒径控制在100nm以内的MLCC（片式多层陶瓷电容器）用纳米晶介电陶瓷材料和薄介质高容MLCC产品，在华为、中兴等企业批量应用。快充方面，OPPO行业首创240W超级快充，是全球最快的手机充电速度。vivo全球首发商用200W超快闪充，将手机充电加速到10分钟时代，引领快充潮流。荣耀终端全球首发硅碳负极技术，刷新旗舰续航新体验。可折叠显示屏方面，自柔宇科技2018年推出全球首款可折叠屏手机以来，广东企业就一直引领着折叠屏手机的技术发展，华为、OPPO、vivo、荣耀终端、传音等纷纷推出各种折叠屏手机产品，且折叠屏技术进一步向彩电、可穿戴设备等产品扩展，进一步推动折叠屏的技术迭代。IDC数据显示，2023年，华为、OPPO和荣耀终端分别以37.4%、18.3%和17.7%的份额位居国内折叠屏市场第一、二、三位。目前折叠屏技术正在由手机向彩电、可穿戴设备等领域扩展，如创维推出了柔性屏体的创维W82，能够实现弯曲与平直两种形态之间转换，OPPO发布了柔性屏智能手表OPPO Watch，呈现出更好的显示效果。AI手机方面，广东华为、OPPO、vivo、荣耀等品牌均加速大模型在手机端侧的落地，纷纷亮出手中新品，加速手机行业迈向AI新阶段。华为率先发布了内置AI大模型的华为Mate60系列手机，通过云端的亿级参数大模型算法掀起手机智能新时代。vivo发布的X100系列手机搭载自研蓝心大模型，跑通端侧130亿参数模型，是全球首个百亿大模型在终端调通的大模型手机。荣耀的Magic6系列首发搭载荣耀自研70亿参数端侧平台级AI大模型"魔法大模型"，推出了基于AI深度智能的突破性操作系统MagicOS 8.0，开启了手机操作系统基于意图识别的人机交互新范式。卫星通信方面，广东处于全面领先地位，引起智能手机"手机直连卫星"新潮流。其中华为推出的Mate 60成为全球首款支持卫星通话的智能手机，其Mate 60 RS及Mate 60 Pro+更是成为首个获得天通卫星通信性能和北斗卫星通信性能双五星等级认证的大众智能手机。中兴的Axon 50 Ultra是行业内首款支持卫星通信的5G安全手机，支持可编辑北斗卫星通信消息。OPPO推出的Find X7 Ultra能够通过卫星天线方向图调控技术，让卫星通信实现了听筒和免提双模式通信。荣耀的Magic6 Pro搭载自研的手机直连卫星通信技术解决方案——荣耀鸿燕通信，通过连接天通卫星实现双向语音和点对点短信功能。传音旗下品牌Infinix公布了自主开发的"探索者"卫星通信技术，拟将其用于自身旗舰产品。新型显示方面，广东先后组建全国唯一的显示领域国家制造业创新中心和国家技术创新中心，联合四川组建全国唯一的超高清视频领域国家制造业创新中心，TCL是国内最早进行Mini LED研发的企业，也是首家实现Mini LED TV量产的企业，旗下X11G是全球第一台双5000的QD-Mini LED电视。VR/AR方面，华为发布了首款智能观影眼镜HUAWEI Vision Glass，在画质、音质等多个方面取得了全新突破，可实现空中投映等效120英寸虚拟巨幕。OPPO推出的Air Glass在显示、触控、语音、头动操控等维度都具备完善的体验，覆盖了实时消息提醒、实时导航、随身翻译、提词器等场景功能。

四、产业链生态不断完善

广东是全国最大、产业链最完整的消费电子产业集聚地，在产业链各环节均有头部企业布局，形成了较为完备的产业生态体系，是我国消费电子产业链构成与完善最早、生态体系最全面的区域。在上游芯片领域，广东芯片设计全国领先，拥有海思半导体、中兴微电子、慧智微、深圳云英谷、杰理科技、汇顶科技等设计企业，其中汇顶科技指纹识别芯片出货量位居全球第一。在中游元器件领域，广东是全国电子元器件的最大的应用市场和集散地，也是全国电子元器件产量规模最大、产品门类最齐全、种类最丰富的区域，消费电子整机产品所需的元器件基本上可以在广东实现产业配套，特别是在电子电路、显示器件、电阻电容电感、电声器件、光电器件、半导体照明器件等领域处于优势地位。2023年，广东电子元件产量3.05万亿只，同比增长9%，约占全国的三分之一；光电子器件产量6655.70亿只，同比增长17.9%，占全国产量46.3%；液晶显示屏产量16.72亿片，同比增长13.8%。代表性企业有：显示屏方面，有天马微电子、华星光电、惠州信利等企业；锂离子电池方面，代表企业有欣旺达、德赛电池、珠海冠宇、东莞新能源、比亚迪等；天线方面，有硕贝德、信维通信等企业；PCB方面，广东是全国最大的PCB生产基地，代表企业有鹏鼎控股、景旺电子、胜宏科技、惠州中京电子等；MLCC方面，广东在该领域处于国内领先地位，代表性企业有风华高科、潮州三环、宇阳科技、广东微容等。在下游整机制造领域，广东是全国最大的消费电子整机产品制造基地，全球主要的品牌企业和代工企业在广东均设有制造基地和研发中心，智能手机、彩色电视机、平板电脑、无线耳机等消费电子整机产品产量、出口位居全国首位。智能手机方面，代表骨干企业有华为、OPPO、vivo、荣耀、传音、TCL通信等；电视整机方面，代表骨干企业有TCL实业、创维集团、康佳集团、广东长虹等；计算机方面，代表性企业有华为、荣耀、深圳联想、纬创资通等。可穿戴设备方面，有小天才、荣耀、华为、漫步者等代表性企业；整机代工方面，OEM（代工）代表企业有富泰华、比亚迪、立讯精密、富联裕展、深科技、光弘科技等；ODM（贴牌）代表企业有东莞华贝、中诺通讯、龙旗电子、天珑移动、卓翼科技和富泰宏等。

五、产业外迁转移态势加快

近年来，受中美贸易摩擦及珠三角地区综合要素成本上涨影响，叠加省外优惠政策吸引以及部分企业出于战略布局需要提升企业国际竞争力的原因，广东部分消费电子产业链企业向省外和东南亚等地加速转移。以印度为例，从最初个别零组件供应商进入印度，到现在印度已经能采购到包括主机板、充电线、电池模组、包材等75%的手机零组件，仅在诺伊达地区就聚集了华星光电、瀛通通讯、长盈精密、欣旺达、卓翼科技、光弘科技、欧菲光、同兴达等多家手机产业链企业，在全球手机产量中的占比由2014年的4%上升至16%，成为全球第二大手机产地。而广东手机产量占全国比重从高位55%下降到目前的41.5%，手机出口量从2017年的6.5亿部下降到了2023年的1.85亿部，出口量占全国比重从2017年的53.5%下降到2023年的32.5%。特别是苹果公司为规避风险，打造多元化的产业链供应链体系，要求富士康、纬创资通、和硕联合、立讯精密等代工企业在印度、越南等地扩大产能规模，印度占全球总体iPhone手机产量由2021年的1%提升到2023年的9.6%。近期苹果公司向印度当局提交一份17家供应商在印扩产名单，立讯精密、裕同科技、舜宇光学等14家配套企业获得印度政府批准。

第二节　消费电子行业发展趋势

随着《电子信息制造业2023—2024年稳增长行动方案》等一系列政策措施发布落地，政策红利将在2024年集中释放，内需市场将成为产业高质量发展的重要支柱，以折叠屏、卫星通信、AI为代表的多项新技术产业化落地进程进一步提速，将进一步加快新质生产力的形成，推动广东消费电子产业高质量发展。外需方面情况来看，欧美等主要经济体的高通胀情况得到抑制，全球消费电子市场企稳回升，加上国内省内外贸保稳提质政策不断出台，RCEP协议持续释放外贸红利，将对广东消费电子产品出口增速形成支撑。

手机领域，随着全球智能手机市场已经走出低谷，新兴市场需求的增长，加上在折叠屏、AI手机和卫星通信等新技术的刺激下，手机市场全面复苏，必将带动广东手机产业的增长。IDC预估2024年全球智能手机出货量将达到12亿部，同比增长2.8%，其中折叠屏手机2024年出货量将达到2500万部，同比增长37%，AI智能手机的出货量将达到1.7亿部，占整个智能手机市场的近15%。

彩电领域，全球彩电行业在经历2022—2023年需求收缩之后，在2024年预计迎来反弹，广东彩电企业及产业链企业也将迎来较好发展。群智咨询预计2024年全球彩电市场或将迎来微增，整体出货量在2.15亿台，相比2023年有百万台左右的增长。

计算机领域，随着企业支出放缓以及2023年的去库存化进程将引发PC供应商的补货需求，PC市场在连续8个季度下滑后，于2023年第四季度恢复增长。2024年，随着AI PC的普及，将会带动AI PC需求的增长，广东计算机企业也将迎来较好发展机遇。Gartner预计2024年PC的总出货量将达到2.504亿台，较2023年增长3.5%。

智能可穿戴设备领域，2024年全球智能穿戴设备市场将逐步回暖回苏，潮电智库预计，由于印度等新兴市场拉动，2024年全球可穿戴设备市场出货量将有接近10%的增长，其中智能手表全球出货量增长将超过10%，而TWS耳机全球出货量增速将在5%左右。

第五章
集成电路行业

摘　要：集成电路是电子信息产业的"核心"，是引领新一轮科技革命和产业变革的关键力量。近年来，在省委、省政府的领导下，广东坚持制造业当家，大力实施"广东强芯"工程，加快构建集成电路产业"四梁八柱"，芯片设计量质齐升，12英寸芯片制造规划月产能提升到30万片，预计2024年底实际月产能可达10万片，先进封测代工产线实现零的突破，材料装备零部件从无到有，建成国内首条高端纯商业化光掩模量产线，量检测设备等已量产并导入国内各大制造产线，基本形成以广州、深圳、珠海为核心，带动佛山、东莞等地协同发展的"3+N"产业格局，产业加速形成集聚，发展生态日趋完善，打造第三极已从蓝图规划走向现实画卷。

第一节　广东省集成电路行业发展概况

一、产业规模平稳增长

广东省电子信息终端应用市场广阔，智能手机、家用空调等产品出货量在全国总出货量中均超50%，集成电路进口金额占全国的40%左右，集成电路业内常言"全球60%芯片销往中国，而中国60%的芯片消耗在大湾区"。受广东省优势终端整机制造业需求牵引，国产替代进程的加快以及"广东强芯"工程的推进，全省集成电路产业保持平稳增长态势。2023年，广东半导体集成电路产业营收超2700亿元，位居全国第三。全省集成电路产量685.7亿块，同比增长23.8%，增速高于全国（6.9%）16.9个百分点，占全国产量由2022年的15.9%提升到2023年的19.5%，位居全国第二位（见图5-1）。

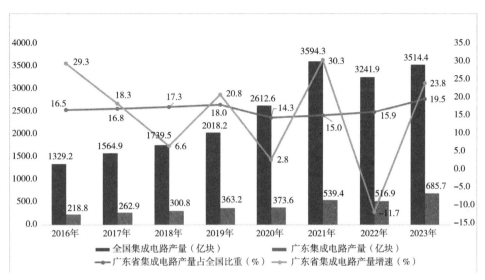

图5-1　2016—2023年全国和广东省集成电路产量情况

数据来源：广东省统计局，广东省电子信息行业协会整理。

二、进出口贸易略有下滑

由于全球消费电子终端市场持续萎缩和国产替代加速，叠加美国对我国高端芯片封锁力度加大，全省集成电路进口贸易相比往年出现明显下滑，而出口增长态势明显。海关总署数据显示，2023年，广东省集成电路进口1625.2亿块，同比下降13.6%，占全国的33.9%；进口金额9785.4亿元，同比下降6.5%，占全国的39.8%。出口517亿块，同比增长0.9%，占全国的19.3%；出口金额2419.7亿元，同比增长19.8%，占全国的25.3%。逆差金额由2022年的8434.6亿元缩小到2023年的7365.7亿元，芯片自给能力大幅度提高（见表5-1、5-2）。

表5-1　2016—2023年全国及广东省集成电路进口情况

年度	全国进口量（亿块）	广东进口量（亿块）	广东进口量占全国比重（%）	全国进口金额（亿元）	广东进口金额（亿元）
2016	3425	1305	38.1	2270.3	935.1

（续表）

年度	全国进口量（亿块）	广东进口量（亿块）	广东进口量占全国比重（%）	全国进口金额（亿元）	广东进口金额（亿元）
2017	3770	1443	38.3	2601.2	1012.9
2018	4176	1582	37.9	3120.6	1276.2
2019	4451	1681	37.8	3055.5	1201.2
2020	3770	1443	38.3	2601.2	1012.9
2021	6355	2313	36.4	27934.8	10916.0
2022	5384	1882.7	35.0	27662.7	10502.1
2023	4796	1625.2	33.9	24590.68	9785.4

数据来源：海关总署，广东省电子信息行业协会整理。

表5-2　2016—2023年全国及广东省集成电路出口情况

年度	全国出口量（亿块）	广东出口量（亿块）	广东出口量占全国比重（%）	全国出口金额（亿元）	广东出口金额（亿元）
2016	1809	303	16.7	610.2	121.6
2017	2044	368	18.0	668.8	99.3
2018	2171	384	17.7	846.4	132.7
2019	2187	402	18.4	1015.8	192.0
2020	2598	490	18.9	1166.0	229.9
2021	3107	578	18.6	10021.7	1923.9
2022	2733	512	18.7	10254.4	2067.5
2023	2678	517	19.3	9567.7	2419.7

数据来源：海关总署，广东省电子信息行业协会整理。

从进口国家（地区）来看，中国台湾、韩国、马来西亚和日本位居广东集成电路进口前列，其中2023年从中国台湾进口集成电路512.41亿个，同比下降15.63%，占广东集成电路进口量的31.53%，进口金额4003.09亿元，同比下降3.02%，占广东集成电路进口额的40.91%，位居第一位。从韩国进口集成电路105.34亿个，同比下降3.74%，占广东集成电路进口量的6.48%，进口金额1434.36亿元，同比下降12.45%，占广东集成电路进口额的14.66%。从日本进口集成电路87.02亿个，同比下降23.50%，占广东集成电路进口量的5.35%，进口金额480.22亿元，同比增长0.18%，占广东集成电路进口额的4.91%。从美国进口集成电路29.40亿个，同比增长24.26%，占广东集成电路进口量的1.81%；进口金额56.81亿元，同比下降4.54%，占广东集成电路进口额的0.58%。"芯片四方联盟"（中国台湾、韩国、日本、美国）集成电路进口量合计占比45.17%，进口金额合计占比61.06%（见表5-3）。

表5-3　2023年广东省集成电路主要进口国家或地区情况表

国家（地区）	进口数量（亿个）	同比增长	占总进口量比重	进口金额（亿元）	同比增长	占总进口额比重
中国台湾	512.41	−15.63%	31.53%	4003.09	−3.02%	40.91%
中国大陆	561.75	−5.52%	34.56%	2019.29	−0.64%	20.64%
韩国	105.34	−3.74%	6.48%	1434.36	−12.45%	14.66%
马来西亚	91.64	−36.42%	5.64%	586.66	−30.95%	6.00%
日本	87.02	−23.50%	5.35%	480.22	0.18%	4.91%
菲律宾	67.66	−11.94%	4.16%	268.71	−14.15%	2.75%
泰国	62.16	−28.51%	3.82%	240.74	−22.89%	2.46%
越南	2.97	4.21%	0.18%	290.83	17.78%	2.97%
新加坡	50.06	−13.97%	3.08%	141.52	−16.51%	1.45%
墨西哥	15.35	−13.37%	0.94%	55.83	−8.37%	0.57%
美国	29.40	24.26%	1.81%	56.81	−4.54%	0.58%
广东总进口	1625.21	0.9%	100.00%	9785.36	−6.00%	100.00%

数据来源：中国海关总署，广东省电子信息行业协会整理。

从广东进口集成电路类别来看，主要是以进口处理器、存储芯片、放大器等芯片为主。根据海关总署数据显示，2023年，其他用作处理器及控制器的集成电路（含多元件）进口量305.91亿个，进口额4359.27亿元，进口金额占比44.55%；其他集成电路（含多元件）进口量1000.34亿个，进口金额2755.93亿元，进口金额占比28.16%；用作存储器的集成电路（含多元件）进口量149.02亿个，进口金额2131.42亿元，进口金额占比21.78%。从广东出口集成电路类别来看，出口的集成电路产品主要是以处理器及控制器、存储器、放大器等为主，除变流功能的半导体模块外，其余集成电路产品出口额和出口单价均同比大幅度增长，高端化成效显著。根据海关总署数据显示，2023年，广东其他用作处理器及控制器的集成电路（含多元件）出口量95.41亿个，出口额845.17亿元，出口金额占比34.96%；其他集成电路（含多元件）出口量291.66亿个，出口金额750.99亿元，出口金额占比31.06%；用作存储器的集成电路（含多元件）出口量54.62亿个，出口金额678.89亿元，出口金额占比28.08%（见表5-4）。

表5-4　2023年广东省集成电路类别进出口情况

芯片类别	进口数量（亿个）	进口金额（亿元）	出口数量（亿个）	出口金额（亿元）
具有变流功能的半导体	1.65	54.03	0.68	3.41
其他用做处理器及控制器	305.91	4359.27	95.41	845.17
用作存储器的集成电路	149.02	2131.42	54.62	678.89
用作放大器的集成电路	118.48	310.48	51.11	94.36
其他多元件集成电路	49.81	174.22	23.27	45.02
其他集成电路	1000.34	2755.93	291.66	750.99

数据来源：中国海关总署，广东省电子信息行业协会整理。

三、产业集聚发展水平加速提升

广东省集成电路产业分布高度集中，基本形成以广州、深圳、珠海为核心，带动佛山、东莞、中山、惠州等地协同发展"3+N"产业格局。其中广州在国家"芯片自主"战略和"制造业立市"背景下，不断加大政府侧支持引导力度，引进了芯粤能、增芯科技、晶科电子、联晶智能等一批行业龙头企业，加快推进增芯科技、粤芯二期、粤芯三期等一批50亿级乃至百亿级项目落地，初步形成了以黄埔区为核心，以增城区、南沙区为两极的产业发展格局，建立了覆盖半导体设计、材料、制造、设备等产业链环节的"一条街"的全产业链布局，形成"芯"兴向荣发展态势。2023年，广州集成电路产量8.47亿块，同比增长21.6%。深圳是我国集成电路产品的集散中心、应用中心和设计中心，拥有中芯国际（深圳）、海思半导体、中兴微电子等实力雄厚的骨干企业，以及国家级集成电路设计产业化基地、国家第三代半导体技术创新中心、国家示范性微电子学院等重大创新平台，集成电路产量和产业规模占全省比重均达七成以上，形成了"东部硅基、西部化合物、中部设计"的全市一盘棋的空间布局。2023年，深圳集成电路产量557.64亿块，同比增长17.9%，占全省集成电路产量的81.3%。珠海积极培育建设高端设计集聚区，聚集100多家集成电路上下游企业，涌现出杰理科技、全志科技、纳思达、炬芯科技、欧比特等一大批在国内具有影响力的骨干企业，形成了应用引导、设计牵头、兼顾制造与封装的产业格局，助力广东打造中国集成电路产业发展第三极。2023年，珠海集成电路产量13.39亿块，同比增长12.00%，占全省的1.95%。佛山、东莞、中山、惠州等地立足本地区产业基础，大力发展半导体装备、化合物半导体、电子化学品等产业，围绕集成电路产业链关键环节积极承接配套企业。

四、骨干企业发展强劲

5G、人工智能、智能网联汽车、物联网等新兴产业的快速发展，拉动了半导体及集成电路的需求的快速增长，一批集成电路企业快速成长，逐步成为推动广东省集成电路产业发展的领导力量。根据集微咨询发布的《2023中国半导体TOP 100企业研究报告》显示，广东省有21家集成电路企业进入2023

年中国半导体百强企业榜单，比2022年多了一家，上榜企业数量仅次于上海（27家），其中深圳市15家位列第二，珠海市有3家位列第七。其中比亚迪半导体在全国半导体百强名单位居第3位，汇顶科技、炬芯科技等省内重点企业亦榜上有名。慧智微是国内首家、国际第二家量产的5G射频前端集成方案企业，第二代5G射频前端出货量达数千万片，位居国内第一，射频芯片已广泛应用于三星、OPPO、vivo、荣耀等国内外智能手机品牌。方正微电子是国内首家实现6英寸碳化硅器件制造的厂商，拥有两条6英寸晶圆生产线，年产能达60万片，生产能力居国内6英寸代工企业前列。广州润芯、泰斗微电子是国内北斗/GNSS芯片龙头企业，在国内市场GNSS芯片市场占有率处于领先地位。中镓半导体作为国内专业生产氮化镓（GaN）衬底材料的企业，相关产品技术达到国际先进水平。此外，还有海思半导体、安世半导体、意法半导体等重点企业，先后在广东集聚，推动了广东省集成电路产业快速发展。

五、重大项目建设取得新突破

广东坚持制造业当家，重点培育发展半导体及集成电路战略性新兴产业集群，科学精准实施"广东强芯"工程，在高端模拟、化合物半导体、MEMS传感器等特色工艺方面布局一批重大产线项目，打造中国集成电路第三极迈出坚实步伐。粤芯半导体一二期已达产，月产能4万片，三期正在建设中。中芯国际（深圳）8英寸产线即将满产，月产能8万片，12英寸芯片制造产线已投产。国内最大的车规级碳化硅芯片制造项目——芯粤能生产线已顺利进入量产阶段。增芯科技、华润微等产线正在加快建设，全省芯片制造产能有望得到进一步提升。越海集成高端传感器8英寸/12英寸TSV封装项目研发基地已通线，一期工厂将于2024年二季度建成正式投产，填补广州乃至广东在"晶圆级先进封装"领域的空白。湾区半导体集团以半导体制造为核心业务，在SOI技术等特色工艺领域形成差异化竞争优势；广大融智集团以高端设计、封测、半导体材料与装备为核心业务，重点开展海外并购并在国内落地；智能传感器集团将打造集设计、制造、封测于一体的先进智能传感器制造平台。目前广东集成电路产业在全国的影响力和吸引力逐步增强，产业界、资本界纷纷看好广东发展前景，全省在建、拟建集成电路重大项目近40个，总投资超5000亿元，初步形成集聚发展态势。

六、集成电路产业短板较为明显

广东省集成电路设计产业全国领先，拥有一批具有国际竞争力的企业，但制造和封测环节相对薄弱，芯片制造主体与京津冀、长三角的仍有较大差距。根据芯思想相关调研数据显示，截至2023年12月20日，中国内地12英寸、8英寸和6英寸及以下的硅晶圆制造线共有210条，其中建有12英寸晶圆厂45座，规划产能合计238万片；在建24座，规划产能合计125万片，而广东已建、在建的12英寸晶圆厂仅粤芯半导体、中芯国际（深圳）、增芯科技和华润微电子4座。目前中国内地建设12英寸晶圆制造生产线城市的有20个，无锡、北京、武汉、合肥、西安、上海位居前六位，广东无一城市进入前六；中国内地建设8英寸晶圆制造生产线城市的有24个，上海、天津、无锡、绍兴、苏州、杭州位居前六位。同时，广东在集成电路产业链关键环节存在不少被"卡脖子"环节，不具备生产先进制程（28nm以下）芯片的能力，台积电、三星等领先企业已经将3nm芯片已经量产，高端通用芯片、高端硅片、EDA软件、光刻机、刻蚀机、光刻胶等严重依赖美日欧进口，美日欧企业占据全球90%以上、国内85%以上电子特气市场份额。此外，广东集成电路产业研发投入力度有待提升，部分集成电路企业的研发投入低于国内同行业平均水平，与美国更是差距甚远。例如，佰维存储2023年研发支出占比为6.96%，而上海的韦尔股份为13.92%，美国半导体行业2023年的研发支出占比更是高达18.70%，是中国半导体行业研发支出占比（7.6%）的2.5倍。特别是近年来以美国为首的西方国家频繁出台政策法案，实施出口管制措施，对中国集成电路产业技术封锁由限制高端芯片制造向限制全产业链蔓延，集成电路产业发展进一步受阻。

第二节　集成电路行业发展趋势

一是新兴领域带来产业发展新空间。物联网、5G通信、人工智能等新技术的发展带来了诸多产业的革新，消费电子、汽车电子等终端下游应用产业升级为集成电路行业带来增量空间。以汽车电子为例，根据Frost & Sullivan数据显示，2017年至2022年，国产传统汽车平均芯片搭载数量从580颗/辆增长至934颗/辆，增长率为61.0%；国产新能源汽车平均芯片搭载数量从813颗/辆增长至1459颗/辆，增长率为79.5%。据赛迪机构预计，到2030年，全球半导体市场规模有望增长到万亿美元，复合年均增长率达到7%。

二是系统级设计及封装成为技术发展的新趋势。随着半导体工艺制程节点继续向着更小的2nm、1nm推进，越来越逼近物理极限，不仅推进的难度越来越高，所需要付出的代价也越来越大，摩尔定律正在放缓，行业进入了"后摩尔时代"，物理效应、功耗和经济效益成为集成电路工艺发展瓶颈。研究机构IBS统计数据显示，16nm到10nm，每10亿颗晶体管的成本降低了23.5%，而从5nm到3nm成本仅下降了4%。摩尔定律放缓和对高性能计算的追求正引领3DIC Chiplet先进封装时代的到来，通过封装技术推动芯片高密度集成、性能提升、体积微型化和成本下降，全球范围内，AMD、英特尔、亚马逊、Facebook都在大力发展Chiplet先进封装技术，成为集成电路重要的技术发展趋势。

三是国产化替代趋势加快。中国已成为世界规模最大、增速最快的集成电路市场，但国内需求多通过进口满足，尤其以高端芯片的需求缺口较大，需要进口，受制于人。在美国对我国打压力度持续升级的背景下，政府及相关部门出台了大量法规、政策推动集成电路国产化进程。同时，我国本土拥有领先技术的集成电路企业的快速崛起，使高性能集成电路水平与世界水平的差距逐步缩小，在一些技术领域甚至超越了国际先进水平，呈现出良好的发展势头，将为国内集成电路产业的发展以及国产化程度的提高奠定坚实基础。

第六章
超高清视频显示行业

摘　要：超高清视频显示行业是新一代电子信息领域的战略性新兴行业，主要包括设备制造、节目制作、传输服务、行业应用等领域和环节。从2017年起，在国家有关部委的关心指导下，广东先行先试布局发展超高清视频产业，连续4年成功举办超高清视频产业发展大会，创建全国首个超高清视频产业发展试验区，组建全国唯一的显示领域国家制造业创新中心和国家技术创新中心，先后开通全国第一个省级、市级4K频道，总台和省政府签署深化战略合作框架协议促进总台粤港澳大湾区总部等落地广东，基本形成规模领先、创新引领、结构优化的产业生态体系，为培育发展新动能、推动经济高质量发展提供了重要支撑。

第一节　广东省超高清视频显示行业发展情况

一、行业规模全国领先

2023年，全球政治局势动荡，经济恢复迟缓，广东深入落实"1+1+9"工作部署，充分发挥超高清视频产业领先优势，以"百城千屏"工程为契机，凝聚行业力量，加快产业联动创新步伐，广东超高清视频产业也呈现复苏回暖态势，显示面板产销面积保持增长，商用显示、折叠屏手机成为市场热点，视频制作设备不断研发上新，优质内容持续制作，行业应用逐步推广普及。但国内有效需求不足，电视、手机等传统终端产品出货量表现不佳。根据统计口径数据，全年全省超高清视频产业营业收入6354.66亿元，增长

4.8%，相比2022年增长超10个百分点。第四季度全省超高清视频产业营收同比增长17.3%，为年内单季度最高增幅（见图6-1）。全省超高清视频产业增加值1230.30亿元，增长5.4%。全省骨干企业电视销量6984万台，增长9.7%；全省彩电产量1.11亿台，同比增长2.5%。截至2023年底，全省累计制作4K节目时长超5.2万小时，较2022年底新增约1.1万小时。全省4K机顶盒用户数累计2731万户，占总电视用户84.0%，较2022年底增加135万户。

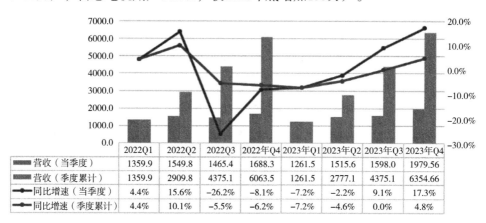

	2022Q1	2022Q2	2022Q3	2022年Q4	2023年Q1	2023年Q2	2023年Q3	2023年Q4
营收（当季度）	1359.9	1549.8	1465.4	1688.3	1261.5	1515.6	1598.0	1979.56
营收（季度累计）	1359.9	2909.8	4375.1	6063.5	1261.5	2777.1	4375.1	6354.66
同比增速（当季度）	4.4%	15.6%	−26.2%	−8.1%	−7.2%	−2.2%	9.1%	17.3%
同比增速（季度累计）	4.4%	10.1%	−5.5%	−6.2%	−7.2%	−4.6%	0.0%	4.8%

图6-1　2022—2023年超高清视频显示行业营收趋势

二、骨干企业带动能力突出

广东省拥有一批实力雄厚的超高清视频显示骨干企业，支撑引领着广东超高清视频显示产业的发展，是全国新型显示企业数量最多的省份。截至2023年，广东非专业视听设备制造业规模以上企业715家，其中TCL科技、TCL实业营收超千亿元，创维集团、视源电子、康佳股份、深天马等13家超高清视频显示企业超百亿元。TCL实业是全球彩电龙头，2023年TCL电视以2526万台的销量夺得全球品牌第二，民族品牌第一，市占率自2019年至今持续提升，提升幅度达到28%，持续领跑中国电视品牌。TCL华星是全球显示面板龙头，以4840万片出货量位居全球第二，VA技术电视面板出货面积占比21.5%，位列第二。旗下希沃11年蝉联中国交互智能平板行业市占率桂冠；视源电子是电视主控板卡领域的龙头，自2017年起电视主控板卡全球市占率保持在30%以上，旗下MAXHUB品牌连续6年在中国会议平板市场排名第一。利亚德7年蝉联全球LED显示产品市占率第一，雷曼光电在LED小间距COB显示市场的市占率稳居第一，光峰科技在商教激光投影的市场份额远超日系品牌位列第一。深天马在显示面板领域处于领先地位，柔性OLED智能手机面板出货量位居国内第二位。大疆科技是全球无人机龙头，占据全球无人机摄像机市场份额的80%，位居全球第一。4K花园是国内最大的专注4K内容生产和分发的平台，在超高清制作技术以及5G相关技术上保持国内最高水平。2023年，广东五大彩电企业4K电视机产量3993.28万台，同比增长10.4%，占其电视总产量54.6%；4K电视机销量3842.97万台，同比增长19.3%，占其电视总销量55.0%。

表6-1　2023年五大彩电企业电视机产销情况

企业	电视机产量（万台）	同比增长%	电视机销量（万台）	同比增长%	4K电视机产量（万台）	同比增长%	4K电视机销量（万台）	同比增长%
TCL	4006	16	3979	14	2215	14	2173	17
创维	1483	0.06	1398	5.5	1218	0	1106	2.4
康佳	273.98	−13	313.22	4	100.68	−7	114.27	−7
海信	854.87	7.2	646.7	−1.7	272	35.7	272	35.7
广东长虹	692	8.2	646.7	−1.7	187.6	26.8	177.7	16.1
合计	7309.85	9.2	6983.62	9.7	3993.28	10.4	3842.97	19.3

数据来源：广东省电子信息行业协会整理。

三、行业创新能力显著提升

广东超高清视频显示产业技术创新日益活跃，一批超高清视频显示企业带来多项全球首发的新技术、新产品、新应用，充分展现了广东超高清视频产业在关键核心技术突破、产业链建设、创新应用打造等领域的创新成果，助力广东打造超高清视频产业增长极。广东创建全国唯一的超高清视频产业发展试验区，先后组建全国唯一的显示领域国家制造业创新中心和国家技术创新中心，联合四川组建全国唯一的超高清视频领域国家制造业创新中心，开通全国第一个省级、市级4K频道，成立2个省级制造业创新中心——省超高清视频产业创新中心及省超高清视频前端系统创新中心。其中，国家印刷及柔性显示创新中心（聚华）是我国在超高清视频显示领域的唯一一家国家级技术创新中心，专注于印刷显示产业的共性核心关键技术，已成功开发出全球首款喷墨打印H-QLED显示样机、采用印刷技术完成的最高分辨率显示器，制造出全球首台唯一31寸量子点样机和全印刷QLED样机，并已完成柔性印刷显示G4.5平台能力建设，打通了印刷OLED/QLED技术全链条。广东博华超高清创新中心（广东省超高清视频创新中心）牵头联合国内ISP芯片厂商、长光辰芯、博冠光电、创维集团和东正光学共同成立"全自主8K专业摄像机研发推进组"，围绕全画幅CMOS、8K60 ISP和AVS3编码芯片、浅压缩编码算法和高端光学镜头等核心部件开展技术攻关。博冠光电自主研发的多款国产8K摄像机，打破了以日韩为代表的国外巨头对超高清摄录设备的长期垄断，填补了国内产业空白。TCL自2019年首款Mini LED电视量产以来，持续加大产品投入力度，已经累计申请了108307件专利，包括18067件PCT专利，覆盖了众多关键技术领域。

四、产业链条日趋完善

广东省超高清视频显示行业基础雄厚，在产业链各环节均有一批超高清视频显示产业骨干企业、单项冠军企业以及专精特新"小巨人"企业布局，涉及芯片、材料、终端及超高清融合应用等全产业链细分领域，形成了"元器件—视频采集—视频制作—网络传输—终端呈现—应用"完整产业链条，以点带面驱动产业发展。在元器件方面，2023年全球LCD电视面板出货量2.5827亿片，其中中国厂商占比60%以上，广东处于领先地位，拥有TCL华星、深天马等重点企业，2023年全省骨干企业面板产量合计7688.72万平方米，增长8.8%；面板销量合计7952.64万平方米，增长8.0%。全年全省光电子器件产量6655.7亿只，增长17.9%，增速高于全国5.4个百分点。在视频采集环节，大疆科技于2023年发布世界首款一体化8K全画幅空中电影机Inspire 3和一体化8K电影机DJI Ronin 4D-8K，打破日本松下和索尼等国外企业垄断。博冠光电于2023年5月发布首款国产8K 50P小型化广播级摄像机；6月发布行业首款8K双光谱摄像机S2。广东图盛发布5G+8K+3D VR超高清转播车，是国内首辆以国产8K设备为核心设计集成的大型超高清加融媒体转播制作系统。国家超高清视频创新中心（深圳）于2023年11月发布首台全国产深圳造4K超高清新型马拉松转播车。目前国产摄录设备逐步被市场认可，应用于大运会、亚运会、春晚等大型赛事和晚会。在视频制作环节，广东优质超高清节目持续创作。截至2023年底，全省主要电视台及内容制作企业制作4K节目时长超5.2万小时，较2022年底增加约1.1万小时；全省可提供符合HDR、50帧以上标准的4K节目量近3.4万小时，较2022年底增加近1/5。在网络传输分发环节，广东省处于全国领先地位，地面广播传输方面拥有数字电视国家工程实验室（深圳），有线电视传输、固网传输以及5G传输方面拥有华为、中兴通讯、超讯通信、珠江数码、广东广电等企业。在分发方面，广东省拥有广东广播电视台、广州市电视台、深圳市电视台、四开花园等众多内容制作及分发平台，四开花园是国内最大的专注4K内容生产和分发的平台。根据省通信管理局数据，全年全省电信业务总量累计完成2028.2亿元，占全国业务总量11.1%，同比增长13.4%；电信业务收入累计完成2077.3亿元，占全国业务收入12.3%，同比增长5.3%。建成5G基站32.6万个，增长40.5%。光缆线路长度为410.2万公里，增长9.4%。固定宽带接入端口总数1.04亿个，其中光纤接入端口数为1.01亿个，占固定宽带接入端口的比例为96.7%。在终端呈现环节，广东4K硬件制造业发展领跑全国，成为全球主要的面板生产基地，移动终端产业优势突出。面板方面拥有华星光电、乐金显示、超视界、利亚德、洲明科技、雷曼光电等重点企业，超高清显示终端方面拥有创维集团、康佳股份、TCL集团等超高清电视企业，超高清移动显示终端方面拥有华为、中兴、OPPO、vivo等终端龙头企业。在电视内容服务质量方面，全国广电行业深入开展电视"套娃"收费和操作复杂问题专项治理，有效促进直播频道用户活跃率回升。根据2023年收视年报数据，全年上星频道播出电视节目46.7万小时，其中新闻、电视剧、纪录片是播出时长前三的节目类型，观众总到达率分别达90.99%、90.84%、82.10%。全省电视台积极开展电视频道高清化工作，截至2023年底，全省省市级台电视频道已全部实现高清化，县级台电视频道高清化率超75%，经批准开办超高清电视频道3个，有线电视网络和IPTV的超高清电视用户超2500万户。在应用环节，广东拥有腾讯、酷狗、虎牙、视源、华为等企业在直播、文教娱乐、安防监控、智慧交通以及医疗等应用领域快速发展。尤其广电文娱方面，广东已开通全国首个省级4K频道（广东广播电视台）、全国城市台首个4K超高清频道（南国都市频道），内容供给能力领先其他省份。

五、产业集聚能力不断提升

近年来，广东围绕打造万亿级超高清视频显示产业集群发展，根据各地市发展特点，全面推动超高清视频产业园建设，已在广州、深圳、佛山、东莞、惠州、中山、江门等珠三角地区实现集群，构建起上下贯通、集聚集合的产业生态，产业集聚效应更加凸显，已成为全国乃至全世界最大的超高清视频产业基地。在国家有关部委的支持下，广东建设广州、深圳、惠州、中山等4个省级超高清视频产业园区，培育广州、珠海、汕头、惠州、中山等5个4K电视试点示范城市，公布惠州仲恺高新区为首批超高清视频显示特色产业园区，带动有关地市形成产业发展合力。同时广州、佛山、惠州签订《广佛惠共同培育国家超高清视频和智能家电产业集群战略合作协议》，共同编制集群实施方案。广州市重点发展新型显示制造、内容制作产业，推动乐金显示8.5代OLED面板生产线、超视界显示10.5代线、深圳华星T7、T9项目等一批高端项目建设、投产，引进国内最大超高清视频内容制作龙头4K花园，打造全国首个超高清视频产业小镇花果山小镇。深圳在超高清视频显示产业领域发展迅速，规模以上企业超2000家，聚集了包括创维集团、康佳股份、TCL华星等龙头骨干企业，拥有国家超高清视频创新中心、深圳市8K超高清视频产业协作联盟等高水平创新载体，超高清视频显示终端出货量占据全球重要份额，工业检测、文教娱乐等领域的行业应用占据领先地位，2023年上半年，产业增加值为460.26亿元，同比增长5.5%，2023年主营业务收入突破3000亿元，位居全国前列。惠州重点发展面板核心材料、偏光片、显示面板、显示模组、背光模组、4K/8K电视等产品，集聚TCL、华星光电、旭硝子、九联科技、高盛达等超100家产业链企业，形成从基础材料、核心零部件、面板、模组到终端整机的全产业链生态。2023年，惠州超高清视频产值近800亿元，彩色电视机超过3200万台，液晶显示屏超过2.80亿片，液晶显示模组超过1300万套。佛山积极发展超高清应用产品市场，拥有美的集团、格兰仕集团有限公司、海信科龙等一批行业龙头企业，拓宽超高清视频显示产业应用市场。

六、行业应用不断出新出彩

广东加大超高清视频典型应用案例宣传推广力度，支持加快推广4K用户，促进超高清视频产品在各领域广泛应用，在教育、医疗、安防等行业打造一批超高清视频应用典型案例。文教娱乐方面，当前视频技术与虚拟现实、仿真模拟、实时渲染等技术深度融合，基于超高清、低时延互动的沉浸式音视频应用不断拓展。虚拟拍摄是其中应用方向之一，近年虚拟拍摄LED显示屏市场规模持续增长，集邦咨询预计2023年该市场将增长至3.94亿美金，迪显咨询预计未来三年中国XR虚拟拍摄下LED显示复合增长率达80%以上。医疗健康方面，随着人口老龄化加深，医养需求增长，带动相关医疗设备需求，给医疗显示市场带来增量空间。迪显咨询数据，全球医用医疗显示器预计出货383万台。医装数胜数据，全国医用内窥镜市场规模约349亿元，近五年复合增速超11%，2023年增速达12%。全年全省腹腔镜招标项目共177个，采购金额约3亿元，居全国首位。安防监控方面，超高清视频技术在助力政府监管和家庭安防方面发挥重要作用，相关产品应用逐渐普及。迪显咨询数据，全年LCD拼接屏中标项目中有51.7%的项目属于监控应用，且近年来此类项目数量保持增长。根据洛图科技数据，全年消费级监控摄像头销量达5343万台，同比增长10.9%。全年全省千万级"雪亮工程"及社会治安视频监控项目有8个，总金额超2.4亿元，项目数量及金额均位于全国前列。智慧交通方面，借势新能源汽车东风，车载应用成为热点。群智咨询数据显示，全球车载显示出货量约2.1亿片，未来保持6%的复合增长率。智能座舱产业联盟数据显示，1~11月中国市场乘用车前装标配显示屏同比增长21.22%，中控屏装配量同比增长10%。根据《2023年乘用车HUD市场分析及消费洞察白皮书》数据，国内乘用车前装标配抬头显示的渗透率为35.3%，同比提升2.8个百分点。工业制造方面，机器视觉在工业场景中的渗透率仍处于极低水平。不同场景对于机器视觉系统的硬件、集成方案要求存在较大差异，目前机器视觉系统的场景适应性较差、部署成本高、使用和维护难，造成机器视觉在工业领域的渗透率不足10%。

七、部分产业链关键环节依旧任重道远

广东省在视频制作、显示面板制作设备、关键材料等超高清视频显示产业关键环节，对外依赖程度仍然较高，与国外一流水平差距较大，产业链安全保障能力仍有较大提升空间。视频制作的软件基本由美国为主的软件厂家把持，如苹果平台的剪辑软件FINAL CUT PRO X、达芬奇调色软件等在专业和普通民用领域占据主导地位，而国内厂家如中科大洋、索贝、新奥特等公司开发的软硬件制作系统，主要服务于国内广电机构，基本不面向消费市场中的普通用户，且核心硬件框架仍被国外企业所垄断。显示面板制作设备以及关键材料方面严重依赖于进口。真空蒸镀设备、封闭设备基本依赖日本佳能、爱发科，曝光机、气相沉积设备主要从美、日等国进口；高世代线高纯溅射靶材方面，日矿金属、霍尼韦尔、住友化学、爱发科等美、日企业占据着全球靶材市场80%的份额；液晶单晶显示材料主要依赖德国默克，占据全球超过50%的市场份额；柔性屏聚酰亚胺材料的高端产品主要依赖杜邦、东丽等美、日国家企业进口。

第二节　超高清视频显示行业发展趋势

一是我国有望成为行业的领导者。当前，在大尺寸LCD领域，中国产业产能占全球70%以上，规模位居全球第一；在OLED领域，中国已建和在建的生产线目前已经有10余座，AMOLED产能占比达到46%。随着超高清视频显示与5G、人工智能、虚拟现实等新一代信息技术深度融合创新发展，在车载显示、折叠屏手机屏、元宇宙、智慧医疗、智慧零售等新场景、新应用的刺激下，我国超高清视频显示产业规模进一步增长，由2022年的约3万亿元增长至2024年的4万亿元，成为全球显示产业发展的重要引擎。

二是大尺寸面板供应增加，新品有望带动面板需求。随着电视市场大尺寸化，面板厂也将减少小尺寸面板规划，增加大尺寸和超大尺寸出货，根据奥维睿沃预测，2024年头部面板厂80寸以上面板按最大产能生产面板供应可

达1400万片；2024年电视面板平均尺寸为51.9寸，同比增长1寸，将带动面板出货面积增长1700万平方米。另外，随着导入人工智能的笔电、手机陆续问世，Window开发新作业系统等，有望带动一波换机潮，从而带动面板需求。

三是终端和内容将呈多样化发展。目前超高清显示主要应用在TV、显示器、笔记本电脑、公共显示、VR/AR等领域，随着未来解析度不断提升、显示技术的不断升级和场景的多样化需求，驱动超高清视频显示终端的多元发展，平板、电视、AR/VR头显、车载显示等一系列形态多样的超高清显示终端将密集涌现。同时，随着超高清视频技术和5G、热成像、3D渲染、机器视觉等技术的结合，行业应用需求企业与超高清视频产业链企业合作持续深化，将不再局限于传统的广播电视、文教娱乐，向民生、安全等多领域逐步扩展。

四是市场回暖及技术成熟，电影屏迎来发展机遇。当下国内电影票房正在快速回暖，暑期档电影总票房206.19亿元，创下中国影史同期最高纪录。"行家说Research"数据显示，目前LED电影屏数量稀少，不足百位数体量，渗透率不足1%，当LED显示屏进入影院的渗透率达到10%，产值则有望破百亿元，即可再造1/4个当前LED显示屏产值。当前越来越多的中国企业LED显示屏获得DCI认证，正在逐步打破三星、LG、索尼等国际巨头的垄断，抢滩中国乃至全球LED电影屏市场。未来，国内LED电影屏产品在LED显示行业整体价格向下调整的背景下，价格呈现下降趋势，同时随着其工艺的逐步成熟，电影屏将迎来更多发展机遇。

五是内容生产模式由线下制作逐步向云端迁移。随着以5G、数据中心为代表的数字新基建的建设不断完善，以及边缘计算、实时计算等先进计算技术的快速发展和视频超高清化、移动化、实时化带来的带宽与存储需求的增长，内容生产的剪辑、渲染、修复、导播、编码等视频制作正逐渐向云端迁移。

第七章
电子元器件行业

摘　要：电子元器件是支撑信息技术产业发展的基石，也是保障产业链供应链安全稳定的关键，其质量、水平和可靠性直接决定了电子系统和整机产品的性能。广东是全国电子元器件最大的应用市场和集散地，也是全国电子元器件产量规模最大、产品门类最齐全、种类最丰富的区域，电子元器件产业是支撑广东电子信息产业高质量发展的中坚力量。但广东电子元器件产业仍存在整体大而不强、创新能力不足等问题，特别是2023年全球终端消费需求疲软，对上游电子元器件需求减少，制约广东电子元器件产业高质量发展。

第一节　广东省电子元器件行业发展概况

一、产业发展呈现持续恢复态势

2023年上半年，受全球电子终端需求疲软的影响，传导上游电子元器件产量下滑。进入下半年，电子元器件市场供需两端有所改善，行业去库存接近尾声，企业生产有所回暖。据美国电子元器件行业协会（ECIA）数据显示，2023年12月全球电子元器件销售趋势（ECST）指数回暖上扬，市场回暖态势明显。省统计局数据显示，2023年广东电子元件产量30544亿只，同比增长9.0%，增速高于去年同期34.4个百分点。光电子器件产量6655.70亿只，同比增长17.9%，高于去年同期34.2个百分点，占全国产量46.3%。其中液晶显示屏产量16.72亿片，同比增长13.8%，增速高于去年同期25.2个百分点；液晶显示屏产量16.72亿片，同比增长13.8%，增速高于上年同期25.2个百分点。锂离子电池产量69.31亿只，同比增长2.7%，增速高于上年同期1.2个百分点，占全国产量的28.26%（见图7-1）。

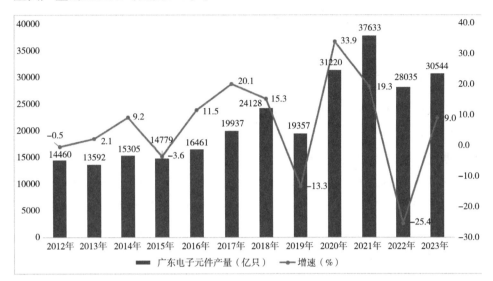

图7-1　2012—2023年广东省电子元件产量及增速情况

数据来源：广东省统计局，广东省电子信息行业协会整理。

二、行业进出口贸易持续低迷

我国是电子元器件产销规模最大的国家，而广东是全国电子元器件最主要出口地，印制电路板、电容器、二极管及类似半导体器件等电子元器件产品出口位居全国首位。2023年，由于受俄乌冲突、美国持续高通胀等因素影响，广东电子元器件出口持续萎缩。但随着下游消费电子市场逐步复苏，电子元器件市场需求得到改善，广东电子元器件出口降幅有所收窄。海关总署数据显示，2023年，全省印制电路板出口156.75亿块，同比下降7.5%，增速较2022年同期收窄13.1个百分点，占全国的38.8%；出口金额610.05亿元，同比下降8.6%，占全国49.6%。电容器出口6769.17亿只，同比下降6.4%，增速较上年同期收窄30.1个百分点，占全国的54.6%；出口金额144.03亿元，同比下降5.8%，增速较上年同期收窄14.2个百分点，占全国的35.7%。半导体器件出口458.50亿元，同比增长0.9%。

从广东进口电子元器件来看，主要以集成电路、平板显示模组和二极管及类似半导体器件为主。广东海关数据显示，2023年，广东集成电路进口9785.4亿元，同比下降6.5%，降幅较2022年同期扩大2.9个百分点；平板显示模组进口1099.0亿元，同比下降3.8%；二极管及类似半导体器件进口821.5亿元，同比下降12.6%，降幅较上年同期扩大5.9个百分点。

三、企业竞争力日益增强

广东电子元器件产业发展迅速，区域内聚集了一批技术先进、实力雄厚的优势企业，以其丰富的资源、先进的技术和优质的产品，在国内外市场上占据优势，支撑引领广东电子元器件产业高质量发展。截至2023年，全省电子元器件规模以上企业超5000家，立讯精密、TCL科技2家电子元器件企业2023年营业收入超千亿元，鹏鼎控股、深南电路等近30家企业营收超百亿元，潮州三环、风华高科2家被评为广东省基础电子元器件产业链"链主"企业，有43家企业入围2023年中国综合PCB百强企业名单，数量连续多年位居全国第一，合计营业收入1406.18亿元，占全国综合PCB百强企业主营业务收入的44.06%。其中鹏鼎控股在全球PCB市场占有率约7%，位列全国综合PCB百强企业第一位，行业领先地位得到进一步巩固（见表7-1）。立讯精密是国内电子元器件领域龙头企业，在消费电子、汽车、通信三大业务平台提供多元化核心零部件产品，连接器在中国市场占有率第一位。风华高科作为国内新型电子元器件领军企业，其主营产品片式电阻器是国家制造业单项冠军产品，全球排名第二、国内第一，片式电容器产品市占率全球排名第七、国内第一。生益科技作为国内覆铜板龙头企业，从2013年至2022年，刚性覆铜板销售总额已跃升全球第二，全球市场占有率稳定在12%左右。

表7-1　2023年（第22届）中国综合PCB百强（广东）入围企业名单

排名	企业名称	2022年营业收入（亿元）
1	鹏鼎控股（深圳）股份有限公司	362.11
4	深南电路股份有限公司	139.92
9	深圳市景旺电子股份有限公司	105.14

（续表）

排名	企业名称	2022年营业收入（亿元）
12	胜宏科技（惠州）股份有限公司	78.85
13	崇达技术股份有限公司	58.71
15	深圳市兴森快捷电路科技股份有限公司	53.54
18	广东世运电路科技股份有限公司	44.32
23	生益电子股份有限公司	35.35
25	珠海方正印刷电路板发展有限公司	33.65
26	深圳市深联电路有限公司	33.3
28	广东依顿电子科技股份有限公司	30.58
29	惠州中京电子科技股份有限公司	30.54
30	深圳市五株科技股份有限公司	29.68
31	汕头超声印制板公司	29.62
32	博敏电子股份有限公司	29.12
34	广东科翔电子科技股份有限公司	26.37
35	广东骏亚电子科技股份有限公司	25.73
38	深圳明阳电路科技股份有限公司	19.69
40	珠海越亚半导体股份有限公司	16.75
41	深圳中富电路股份有限公司	15.37
42	金禄电子科技股份有限公司	14.96
43	竞华电子（深圳）有限公司	14.50
46	中电科普天科技股份有限公司智能制造事业部	13.19
47	礼鼎半导体科技（深圳）有限公司	12.41
48	先进电子（珠海）有限公司	12.29
49	四会富仕电子科技股份有限公司	12.19

（续表）

排名	企业名称	2022年营业收入（亿元）
51	惠州市特创电子科技股份有限公司	11.52
54	东莞康源电子有限公司	11.00
55	深圳市明正宏电子有限公司	10.95
71	欣强电子（清远）有限公司	8.39
73	深圳全成信电子有限公司	8.03
74	龙宇电子（梅州）有限公司	7.99
80	深圳市强达电路股份有限公司	7.31
81	乐健科技（珠海）有限公司	7.30
84	梅州鼎泰电路板有限公司	6.77
85	中山市宝悦嘉电子有限公司	6.72
86	深圳市金百泽电子科技股份有限公司	6.52
88	白井电子科技（珠海）有限公司	6.49
89	广东兴达鸿业电子有限公司	6.18
90	江门市奔力达电路有限公司	6.14
93	奕东电子科技股份有限公司	5.88
98	深圳市星河电路股份有限公司	5.61
100	深圳市新宇腾跃电子有限公司	5.50

数据来源：中国电子电路行业协会，广东省电子信息行业协会整理。

四、技术创新成果显著

广东积极抢抓新一轮科技革命和产业变革战略机遇，贯彻落实工信部《基础电子元器件产业发展行动计划（2021—2023年）》，大力推进"广东强芯"工程，持续实施高端电子元器件产业化奖补政策，补齐产业链短板，在阻容感元件、连接器、光通信器件等领域自主水平不断提升。广东组建广东微技术工业研究院，打造MEMS传感器研发中试平台，填补粤港澳大湾区高水平研发平台空白。同时，大力推进国家5G中高频器件创新中心，以及新型电子元器件创新中心、高性能电解铜箔区域创新中心等省级制造业创新中心建设，攻克产业共性短板。风华高科制备出粒径控制在100nm以内的MLCC用纳米晶介电陶瓷材料和薄介质高容MLCC产品，并实现批量应用。潮州三环开发的电阻功能浆料已覆盖0.1–10MΩ全阻值段并实现批量应用，打破美国杜邦、日本住友的垄断局面，带动了国内晶片电阻的产业发展。生益科技研究具有自主知识产权的高阶IC封装用高密度互连超薄基材及其关键制造技术，弥补国内企业在此领域的空白，产品性能达到日韩同行水平，突破国外专利技术封锁。广东微容承担多个高端MLCC部级、省级重大项目，其研发的超微型MLCC产品，在移动通信PA芯片模组成功替代进口，确保了国产手机龙头客户PA的供货，是国内首家研发、量产应用于射频芯片模组的超微型MLCC生产商，也是国内首家能全尺寸、系列化供应电动汽车使用的车规级MLCC原厂制造商，打破国外厂商的垄断。

五、产业集聚效应日益彰显

广东省发挥各地市产业发展优势，积极推动粤东西北地区主动承接珠三角地区产业转移，发展电子元器件配套产业，建成梅州经济开发区（电子电路制造）、汕尾新区产业集聚地（电子元件及显示器材）和中山火炬开发区（光电及电子元器件）三个电子元器件省级特色产业园区，基本形成"深汕梅肇潮新型电子元器件产业集聚区""广深珠集成电路产业集聚区""广深惠新型显示产业集聚区"等特色产业承载区，大多数电子信息终端产品所需零部件均能实现产业配套。其中广州先后引进超视界第10.5代高清显示器、维信诺模组、TCL华星印刷OLED等重大项目，全力支持乐金显示、新谱（广州）、超视界、粤芯半导体等骨干企业迈向新层级，在芯片、显示面板、模组等领域优势突出。2023年，广州光电子器件产量291.81亿只，同比增长23.9%；发光二极管287.47亿只，同比增长24.2%；液晶显示屏6327.8万片，同比下降25.6%。深圳是全国主要电子元器件主要集中地之一，建立了我国首个电子元器件和集成电路国际交易中心，汇聚了大量的电子元器件企业，拥有立讯精密、信维通信、长盈精密、鹏鼎控股、深南电路、景旺电子、瑞声科技、崇达技术、得润电子等一批知名企业，在印制电路板、电声器件、光器件、被动元件、连接器等电子元器件领域均处于领先地位。2023年，深圳电子元件产量4626.37亿只，同比增长15.4%；液晶显示屏9.74亿片，同比增长18.4%。东莞充分发挥东莞智能移动终端集群、广深佛莞高端装备集群两大国家级先进制造业集群优势，依托华为、OPPO、vivo等终端龙头企业，重点发展契合新型智能终端的高精密元器件与关键零部件，整体产业配套率达九成以上，是全国的主要电子元件生产基地。2023年，东莞光电子器件产量278.94亿只，同比增长6.9%；电子元件产量1.45万亿只，同比下降7.3%；印制电路板1797.21万平方米，同比下降12.5%。肇庆作为国内新型元器件的主要研发及生产基地，拥有风华高科、富仕电子、喜珍电路、中导光电等骨干企业，基本形成了以新型电子元器件、电子材料、光学电子、印制电路板等领域为特色的新一代电子信息产业体系。2023年肇庆市电子元件产量7792.02亿只，同比增长39.2%；光电子器件产量3.55亿只，同比增长2.0%。惠州在PCB、液晶面板等领域具有一定优势，特别是PCB产业起步较早，拥有胜宏科技、中京电子、洲明科技、骏亚电子等重点企业，2023年惠州印制电路板产量4255.72万平方米，同比下降7.3%；液晶显示屏2.83亿片，同比增长28.8%。珠海重点布局电子线路板、集成电路制造等领域，其中线路板产业是珠海传统优势产业之一，全市共有印制线路板相关企业超五百家，拥有景旺电子、珠海方正、珠海越亚等中国综合PCB百强企业，生产规模及技术水平位居国内同行业前列，已成为国内规模较大的PCB生产基地之一。2023年，珠海印制电路板产量8304.27万平方米，同比增长1.9%。潮州电子工业企业约100家，拥有潮州三环、金源光能等一批国内外知名企业，重点发展新型半导体分立器件、高性能传感器与敏感元件、新型微型电声器件等产品，其中光通信用陶瓷插芯、电阻器用陶基体、氧化铝陶基片产销量分别占全球的80%、55%、50%以上，均居全球首位。梅州重点发展铜箔、高端印制电路板产业，培育发展了嘉元科技、超华科技、博敏电子等一批铜箔产业上下游相关企业，已形成铜箔生产—覆铜板生产—高端印制电路板生产—电子电器产品生产的全产业链。2023年梅州市印制电路板产量1554.94万平方米，同比增长2.3%；电子元件产量11.53亿只，同比下降27.4%。其中梅县区铜箔2023年实际产能达10万吨以上，约占全国产能的10.6%，整个产业链实现产值65.9

亿元，同比增长8.3%。

六、高端核心电子元器件仍受制于人

广东电子元器件材料大部分都已实现国产化，但是在CMOS图像传感器、高端MLCC（多层片式陶瓷电容器）和IGBT（绝缘栅双极型晶体管）等重点领域存在薄弱环节，在高端核心电子元器件方面仍依赖进口。CMOS图像传感器领域，广东落后于国内外先进水平，省内企业仅有比亚迪半导体、印芯半导体等少数企业涉及该领域，产品主要应用在安防、汽车等领域，目前全球智能手机图像传感器市场基本上被索尼、三星等国外企业占据，2023年索尼、三星分别占全球智能手机图像传感器市场份额的55%、25%。高端MLCC领域，广东处于全球第三梯队，高端MLCC仍由日、韩厂商占据主导，日系厂商全球市场份额占有率约为56.0%，韩国企业占有率约为22.5%，中国本土企业占比仅为7.1%。IGBT领域，广东整体落后于国内国外先进水平，处于追赶阶段。当前IGBT市场被德日美等国企业垄断，主要有英飞凌、富士电机、安森美、东芝、意法半导体、赛米控、日立、博世等企业，占据了全球IGBT器件市场份额的83%和全球IGBT模组市场份额的76%。

第二节　电子元器件行业发展趋势

随着全球经济逐步复苏，人工智能、新能源汽车、数据中心、VR/AR等新兴产业的强劲拉动，以及手机、智能家电等传统消费电子市场的复苏，在美国对我国打压力度升级推动国产替代加速的背景下，预计电子元器件行业将迎来新的增长周期。

一是新兴领域需求将成为电子元器件重要增长点。随着人工智能、新能源汽车、物联网、人工智能等新兴领域的快速发展，对电子元器件的需求将持续增长。以新能源汽车为例，目前新能源汽车每辆平均需要3000~4000个电子元器件，是传统汽车的2~3倍，随着新能源汽车智能化的提高，对电子元器件的需求将进一步增加，预计2023年全年全球智能汽车销量将达到1200

万辆，2030年全球电动汽车数量将增至现在近10倍，将成为拉动电子元器件需求的重要力量。此外，随着5G网络的普及和应用的拓展，5G手机、基站、模组等相关产品的需求也将大幅增加，对电子元器件的需求也将持续增长。

二是国产替代加速。美国自2018年以来实施"小院高墙"政策，持续对我国高科技领域进行打压，且打压力度不断升级，多家电子元器件企业被列入制裁清单，电子元器件行业面临着供应链断裂和安全风险的挑战。为了保障自身发展和国家安全，我国政府和企业将加大对电子元器件产业的投入和支持，推动核心技术突破和自主创新，预计到2025年，我国在高端MLCC、IGBT等细分领域有望实现技术突破和市场突围，国产替代率将显著提高，部分产品将实现自给自足或者出口。

三是电子元器件向微小型化、集成化、柔性化和系统化方向发展。随着5G、物联网、人工智能、虚拟现实、新型显示等新兴技术与消费电子产品的融合，将会加速产品更新换代，催生新的产品形态，对电子元器件的要求不仅是数量上的增加，而且是质量上的提升，需要更高性能、更低功耗、更小尺寸、更高集成度等特点，将促进电子元器件行业加快技术创新和产品升级，进一步向微小型化、集成化、柔性化和系统化方向发展。

四是数字化转型推进。当前，新一代信息网络技术与制造业深度融合，先进的传感技术、数字化设计制造、机器人与智能控制系统等日趋广泛应用，促进制造业研发设计、生产流程、企业管理，乃至用户关系都呈现智能化趋势，大规模定制和个性化定制日益成为主流制造范式，生产组织和社会分工向网络化、扁平化、平台化转型，电子元器件企业和下游终端企业联合开发、专门定制将成为趋势。

第八章
新型储能行业

摘　要： 近年来，广东持续构建形成"1+N+N"新型储能、硅能源产业政策体系，组织实施省级专项支持具备优势的储能产品研发及产业化，持续开展储能、硅能源等新兴产业招商引资工作，新型储能产业规模持续壮大，整体技术研发及装备制造水平位居全国前列，建立覆盖储能电池材料制备、电芯和电池封装、储能变流器、储能系统集成和电池回收利用全产业链条，总体处于全国领先地位，具备全球竞争力。

第一节　广东省新型储能行业发展情况

一、新型储能产业规模全国领先

广东省是我国新型储能产业的主要分布地区之一，产业规模持续壮大，储能电池出货量全国领先，储能变流器占全国四成市场份额，整体规模位居全国前列。2023年，广东新型储能产业发展势头不减，其中锂离子电池产量69.31亿只，占全国产量由2022年的26.69%提升至2023年的28.26%。锂的原电池及原电池组出口8.54亿个，占全国的46.0%；出口金额16.04亿元，占全国的46.3%，产量及出口均位居全国首位。

二、龙头骨干企业实力强劲

广东作为我国新型储能产业主要的集聚区，拥有一批实力雄厚的龙头骨干企业及关联企业，在国际市场竞争中处于优势地位，引领广东新型储能产业发展。企查查数据显示，截至2023年8月，广东储能企业注册数量达19098家，远超江苏（12788）、湖南（8241）和北京（8231）等省市，成为全国储能企业注册数量的领军者。同时，广东还拥有华为、比亚迪、欣旺达、亿纬锂能、德赛电池、珠海冠宇、贝瑞特、新宙邦、德方纳米、易事特等一大批知名企业。其中华为是光伏逆变器和储能系统领域的龙头，占据全球光伏逆变器市场份额的20%以上，2023年华为智能逆变器产量达160GW以上，并再次夺得年度逆变器中标"冠军"，中标规模达35.2GW。比亚迪是国内储能电池的龙头，储能出货量由2022年及以前的12.04GWh增加至2023年的28.4GWh，累计出货量达40.4GWh，已覆盖107个国家和地区。欣旺达在2022年全球储能电池市场份额3.1%，位居第9位。亿纬锂能的储能电池业务2023年快速增长，全年出货规模位居行业前列，储能系统类业务的收入同比增长144%至11.1亿元，以10.5GWh的装机量排名全球第十，同比增长15.4%，市场占有率为1.5%。德方纳米是磷酸铁锂正极材料龙头，2023年磷酸盐系正极材料产量20.52万吨，同比增长10.62%，销量21.39万吨，同比增长24.15%，市占率位居全球第二、国内第二。贝瑞特是新能源锂离子电池负极材料的龙头，2023年其负极材料全球市场占有率约22%，连续十一年全球总量第一。天赐材料在锂离子电池电解液领域处于领先地位，2023年电解液销量39.6万吨，同比增长约24.0%，国内市场占有率提升至36.4%。

三、技术创新活跃

新型储能产业的发展，促进了关键核心技术应用的创新升级，广东储能企业技术创新能力凸显，企业竞争力明显增强，推动储能产业向价值链高端发展。2023年，新型储能创新中心成功获工信部批复，成为今年工信部唯一批准组建的国家地方共建制造业创新中心，也是全国新型储能领域唯一的制造业创新中心。比亚迪2023年发布了两款储能系统产品"比亚迪魔方"和MC-I，核心均为搭载刀片电池，采用CTS技术，无模组、无PACK、直接集成到系统。亿纬锂能推出了超大叠片智慧电芯"Mr.big"LF560K，电芯容量为628Ah，主要针对4~8小时应用场景，伴随倍率降低及电芯层面的优化设计，电池整体效率将达到95%以上，循环寿命达12000次以上。鹏辉能源发布新一代320Ah大型储能电芯，在同尺寸产品中系统能量提升14%，其循环寿命＞8000次，使用寿命超20年。欣旺达针对BEV市场推出"闪充"电池及超级快充4C电池，在研5C-6C新一代"闪充"电池开发进展顺利，并持续研发硅负极高比能电池、磷酸锰铁锂电池、钠离子电池、固态电池、锂金属电池等先进电池产品，满足终端客户的未来多元化需求。贝特瑞发布了新一代钠离子电池硬炭负极材料——探钠350和钠电正极材料贝钠-O3B。其中"探钠350"负极材料比容量可达350mAh/g，首次充放电效率达90%，已经进入中试阶段。德方纳米的磷酸锰铁锂产品已率先装车，率先完成了从实验室到产业化的转化，具备技术领先优势和先发优势。艾特网能首次向业界展示的全新浸没式液冷储能系统采用"All in one"设计，将各功能高度集成于一个标准化户外机柜内，起到削峰填谷、电力辅助服务等多种作用。

四、产业生态完备

广东省是国内新型储能产业发展最早、产业覆盖最全、最成熟的地区，覆盖了电池、材料、设备、电、芯、储能变流器、储能系统及电池回收利用等产业链各环节，构建了较为完备的产业生态。在储能电池材料领域，广东是全国主要的储能电池材料生产供应地，正极材料、负极材料、隔膜、电解液等材料的产品出货量位居全国前列，拥有近1791家储能电池材料企业，代表性企业有新宙邦、德方纳米、天赐材料、贝特瑞、星源材质等，其中星源材质隔膜出货量17亿平方米、市场占有率位居全球第二、国内第二。在储能电池生产设备领域，拥有近284家储能电池生产设备制造企业，代表性的重点企业有赢合科技、利元亨、大族激光、海目星等，其中赢合科技在中国锂电设备领域的市场份额为8.35%，位居第2位。在储能电池方面，广东是全国主要的储能电池生产制造基地之一，相关企业达1176家，拥有比亚迪、亿纬锂能、欣旺达、德赛电池、鹏辉能源、珠海冠宇、东莞新能源、华宝新能源等重点企业，其中比亚迪、亿纬锂能、鹏辉能源、欣旺达四家企业处在国内第一梯队。在储能变流器领域，广东拥有华为数字能源、古瑞瓦特、易事特、汇川技术、科士达、科陆电子、盛弘股份等代表企业，其中古瑞瓦特是全球第六大储能逆变器供应商，也是全球最大型用户侧储能逆变器供应商。在储能系统集成领域，广东有华为数字能源、比亚迪、南网科技、华宝新能、德兰明海、正浩创新等重点企业。在储能工程建设与运营服务领域，广东相关企业有538家，在储能工程研发和技术服务领域约有2723家，基本上实现了全产业链覆盖。

五、产业集群优势显现

广东新型储能产业分布高度集中，建有23个锂离子储能电池产业基地，初步形成以广州、深圳、惠州、东莞为重点的珠江口东岸储能电池产业集聚区，以肇庆、江门、珠海、中山为重点建设珠江口西岸储能电池产业集聚区，以佛山、韶关、江门、清远为重点的正极材料集聚区，以深圳、惠州、东莞、湛江为重点的锂电硅碳负极材料集聚区，以珠海、佛山、肇庆、东莞为重点的锂电隔膜生产制造基地，以惠州、珠海为重点的电解液专业园区，以梅州、韶关、惠州为重点的铜箔、铝箔、聚偏二氟乙烯膜等辅助材料集聚区，以广州、深圳、惠州、东莞、肇庆为重点的储能控制产品及系统集成、先进装备制造集聚区，以珠三角为核心、韶关、汕头及深汕特别合作区为支点建设储能电池回收利用产业集聚区。其中广州发展新型储能产业优势突出，聚集了南方电网、南网能源、天赐材等龙头企业，重点布局产业中游（储能电池、储能系统集成）和下游（新型储能电站），集中分布在黄埔区、南沙区、花都区、白云区和番禺区，组建广州储能集团，积极引入储能产业链关键核心技术、人才和项目，强化产业链上下游协同，从而打造世界一流新型储能产业中心。据不完全统计，2023年广州在建新型储能项目11个，总投资近400亿元，达产后产值可超千亿元。深圳新型储能产业发达，拥有比亚迪、欣旺达、德方纳米、贝特瑞、星源材质等全球龙头企业，形成了关键材料制备、电芯工艺研发、系统集成应用产业完备产业链条，四大锂电材料全球市占率超过20%，控制系统全球市占率13.1%，系统集成的电源侧储能全球市占率12.9%、便携式储能全球市占率37.7%。2023年，深圳电化学储能产业产值突破3000亿元，增长16.1%。珠海将新能源、新型储能等重点领域产业纳入"4+3"产业体系，引入爱旭太阳能电池、鸿钧异质结新型高效太阳能电池、埃克森新能源（珠海）储能电池项目、广东高景太阳能50GW大尺寸单晶硅片（三期）等具有影响力的重大项目，形成了较为完善的产业生态，如在上游零部件有鹏辉能源、华冠科技等企业，中游集成安装企业有冠宇电池、泰坦智能等，下游应用企业有格力能源、科创储能等，构建珠海万亿级现代产业体系战略支点。2023年1—9月，珠海新型储能产业产值约141亿元，同比提升24%，同时装机规模同比提升230%，新型储能项目投资总额超800亿元，预计2025年新增产值1500亿元。东莞新型储能产业已经拥有比较完备的产业链，涵盖有电池材料、设备、制造等全产业链环节，拥有博力威、华为终端等链主企业，近三年共推进新能源重大产业项目102个，涵盖新能源汽车核心零部件、新能源智能装备、新能源材料、新型储能、氢能等细分领域，投资总额达737亿元，新型储能产业集群也正在加速形成。惠州在新型储能产业中具有独特优势，拥有亿纬锂能、德赛电池等重点企业，已集聚储能相关企业超1000家，2023成功入列中国百强产业集群榜单，是广东省唯一入选新能源电池产业集群的城市，建成储能电站项目37宗，在建项目35宗，总规模352.36MW/513.53MWh。截至2023年12月底，惠州在建、拟建、在谈新型储能制造业项目近100宗，总投资近800亿元，已成为国内产业链最完善、品类最齐全的集聚地，是国内重要的新能源电池产业基地。佛山在全省较早布局发展储能产业，早在2011年就引进了我国磷酸铁锂行业的领军企业德方纳米科技有限公司，已拥有50多家新型储能产业相关企业，重点围绕电化学储能及示范应用进行布局，随着美的集团等本地龙头企业纷纷布局储能产业，正极力打造储能产业发展新高地。江门拥有扎实的产业配套基础，营商环境居全省前列，拥有规上企业16家，落户了中创新航、芳源环保等储能龙头企业，基本形成覆盖新能源电池原材料（正极材料、负极材料、隔膜、辅材等）、电池生产设备、电芯制造与PACK成组以及锂电池回收利用的产业链环节，是广东布局新型储能产业发展的重点城市之一，是新能源电池核心原材料主要生产基地，尤其是混合电动汽车专用新能源电池正极材料的研发及生产能力处于国内领先水平。肇庆在三元锂离子电池、磷酸铁锂电池、半固态聚合物动力锂电池等领域优势突出，拥有瑞庆时代、小鹏汽车、理士电源、合林立业、顺盈森能源等储能企业，宁德时代肇庆项目、羚光新材料、风华新能源等多个储能项目落地，已形成储能电池、电池材料、电池配件、电池装备、电池回收等较完善的新型储能产业链，为打造珠江口西岸储能电池产业集聚区、锂电隔膜生产制造基地和储能控制产品及系统集成、先进装备制造集聚区迈进了坚实基础。2023年，肇庆新型储能规上企业由2022年的23家增加至45家，新型储能产业产值484亿元、增长45.2%，已落地储能产业链相关项目40个，计划投资约342.5亿元。梅州立足"资源+产业"模式，大力推动光伏、风电、电化学储能等新能源产业高质量发展，依托超华科技、嘉元科技等重点企业，发力于储能锂电材料领域，积极打造广东新型储能材料生产制造基地。

六、省内新型储能扶持政策持续加码

近年来，为抢占新型储能产业制高点和产业发展前沿，将新型储能产业打造成为广东"制造业当家"的战略性支柱产业，广东省发布一系列政策支持新型储能产业发展，新型储能产业扶持政策持续加码。在2020年出台的《广东省培育新能源战略性新兴产业集群行动计划（2021—2025年）》中明确提出推动电网侧储能布局，推进电源侧火电联合储能和"可再生能源+储能"发电系统建设，鼓励用户侧储能电站和智慧楼宇建设，推进先进储能中的充放电、通信装置、系统管理等关键技术和设备研发制造。2022年，出台了《广东省能源发展"十四五"规划》，提出要推进先进储能在电力示范领域应用，制定储能项目成本回收机制，创新储能项目运营模式，强化储能标准体系建设，带动储能产业发展。后续广东印发实施了《广东省推动新型储能产业高质量发展指导意见》《加快推动新型储能产品高质量发展的若干措施》《广东省用户侧新型储能先进产品推广应用工作方案（试行）》，省市联动构建形成"1+N+N"新型储能产业政策体系，推动创新链、产业链、资金链、人才链深度融合，将广东打造成为具有全球竞争力的新型储能产业创新高地。此外，各地市也纷纷出台产业扶持政策，加码储能产业。如东莞市印发《加快新型储能产业高质量发展若干措施》，拟定7大方面共20条措施，从生产端的产业龙头落户、增资扩产贷款贴息、关键技术研发、标准制定、品牌打造、产业链融资，到应用端的先进储能示范应用补贴、产品出海认证补助、境内外参展补助、储能设施建设保障，全链条均有涉及。

第二节　新型储能行业发展趋势

一是市场规模将进一步增长。随着《关于加快推动新型储能发展的指导意见》《2030年前碳达峰行动方案》《"十四五"新型储能发展实施方案》等政策文件的出台，加上我国能源结构的改变，我国新型储能产业将迎来快速发展的黄金时期。截至2023年底，全国已建成投运新型储能项目累计装机规模达3139万千瓦/6687万千瓦时，平均储能时长2.1小时。而根据《关于加快推动新型储能发展的指导意见》中提出的发展目标，到2025年，中国新型储能累计装机规模要达到30GW以上，这意味着三年间有四倍左右的增长空间。根据光大证券的预测显示，到2025年中国储能市场规模将达到0.45万亿元，到2030年新型储能装机规模有望达到150GW，根据2小时配置时间测算，全面市场化储能空间将会超过1.2万亿元。

二是热（冷）储能有望成为继锂离子电池后增长最快的储能市场。在目前的新型储能中，锂离子电池占据绝对主导地位，比重达97%。此外，压缩空气储能、液流电池、钠离子电池、飞轮、热（冷）储能等技术路线应用模式逐渐增多。据中国化学与物理电源行业协会储能应用分会数据显示，2023年全球储能累计装机功率约294.1GW，其中新型储能累计装机量约88.2GW，占比为30.0%；抽水蓄能累计装机量约201.3GW，占比为68.4%；蓄冷蓄热累计装机量约4.6GW，占比为1.6%。在2023年全球新型储能新增装机中，各技术路径占比情况为：锂离子电池占比92.7%，压缩空气储能占比为1.4%，飞轮储能占比为0.4%，液流电池占比为1.7%，钠离子电池占比为1.7%，铅蓄电池占比为2.0%。从我国来看，2023年我国新型储能累计装机功率约为32.2GW，同比增长196.5%，占储能装机总量的38.4%；抽水蓄能累计装机功率约为50.6GW，同比增长10.6%，占储能装机总量的60.5%；蓄冷蓄热累计装机功率约为930.7MW，同比增长69.6%，占储能装机总量的1.1%。随着新能源的快速发展，储热技术未来成本下降以及政策的支持，大规模储热供热发展将迎来机遇，预测2024—2025年间，我国冷热储能新增装机规模分别为140MW、250MW。

三是装机成本有望大幅度降低。经过近十年的发展，新型储能从研发期、应用期，再到规模化发展期，原料成本、技术成本、生产工艺等进一步优化，电化学储能、压缩空气储能、飞轮储能等新技术正在各地加速落地，新型储能技术在能量密度、循环寿命、安全性和成本效益等方面持续取得重要突破，新型储能产品的降本增效势必也会进入新阶段。各大电池厂商均在发力提升电芯的循环寿命，如宁德时代推出1.5万次循环寿命的电芯，新能安推出昆仑系列15000次超长循环锂电池。储能成本更是在下降，平均每年单位成本下降10%～15%，并且这一趋势还在继续，预计有望下降到30%左右。

企业篇3

第九章
2024年广东省电子信息
制造业综合实力百强企业发展情况

摘　要： 广东是我国最大的电子信息产品生产制造基地、全球最重要的电子信息产业集聚区，对全国电子信息制造业平稳增长起到了压舱石的作用。2023年，全省规上电子信息制造业实现营业收入47124.16亿元，占全省规上工业25.4%，占全国电子信息制造业31.2%，连续33年位居全国第一。广东电子信息制造业综合实力百强企业是全省电子信息制造业的领头羊，本届百强企业入围门槛营业收入由上届的40亿元提升到接近50亿元，行业领域涉及通信设备、计算机、消费电子、元器件、集成电路、锂离子电池、电子专用设备等细分领域，整体上保持平稳增长态势，质量效益稳步提升，研发创新效能显著增强，社会贡献度和影响力持续凸显，是全省电子信息制造业高质量发展的中流砥柱。

第一节　广东省电子信息制造业百强企业发展特点

广东电子信息制造业综合实力百强企业是全省规模以上电子信息制造业的领头羊，带动着整个行业以及产业链的发展，是全省电子信息制造业、区域经济企稳及持续发展的主力军。广东省电子信息行业协会参照工业和信息化部《电子信息制造业统计调查制度》（国统制〔2021〕136号）统计口径及团体标准《广东省电子信息制造业企业综合能力评价规范》（T/ GDEIIA 10-2020）要求，对全省电子信息制造业规模以上企业开展评价活动，围绕企业规模、企业效益、研发创新、社会责任等相关指标建立企业综合实力评价模型，经报名征集、专家审核、名录公示等环节，最终遴选出2024年（第五届）广东省电子信息制造业综合实力百强企业榜单（以下简称"本届百强企业"）。本届百强企业入围门槛营业收入由上届的40亿元提升到接近50亿元，企业规模持续扩大、经营效益稳步提升、研发创新不断增强、行业引领效果显著。电子信息制造业，是指依法设立从事电子信息产品生产销售（营业）及相关服务的企业，主要范围包括以计算机制造、通信设备制造、广播电视设备制造、雷达及配套设备制造、非专业视听设备制造、智能消费设备制造、电子器件制造、电子信息机电产品、电子专用设备、电子元件及电子专用材料制造和其他电子元件制造为主要经营业务和经营收入来源的企业。本届百强企业均在广东省境内依法注册，以电子信息产品制造为主，且电子信息产品营业收入占营业收入60%及以上的企业（集团），企业性质包含了内资企业及港澳台独资、合资、合作企业。

一、企业规模持续扩大

本届百强企业营业收入合计3.80万亿元，同比增长0.7%，占全省规模以上电子信息制造业企业营业收入比重超80%，占全省规模以上工业企业营业收入比重超20%，增速高于全省规模以上电子信息制造业营业收入1.3个百分点。从营业收入分布区间来看，本届百强企业中营业收入超过1000亿元的有华为投资控股有限公司、富士康工业互联网股份有限公司、立讯精密工业股份有限公司、TCL科技集团股份有限公司、OPPO广东移动通信有限公司、富泰华工业（深圳）有限公司、中兴通讯股份有限公司、TCL实业控股股份有限公司等8家企业，500亿～1000亿元之间的企业有5家，100亿～500亿元之间的企业有47家，50亿～100亿元之间的企业有39家，40亿～50亿元之间的企业有1家，入围企业最高营业收入超过7000亿元，最低营业收入接近50亿元。与上一届百强企业相比，营业收入位于中高区间的企业数量有一定增加，位于100亿～500亿元之间的企业数量最多。本届百强企业的营业收入增长速度比上一届百强企业有所提升，其中有50家企业营业收入增速实现正增长，营业收入同比增长超过10%的企业有25家（见表9-1、9-2）。

表9-1 广东电子信息制造业综合实力百强企业营业收入分布情况表

营业收入区间	2024年企业数	2023年企业数	2023年比2022年变化
1000亿元及以上	8	10	-2
500亿~1000亿元	5	6	-1
100亿~500亿元	47	48	-1
50亿~100亿元	39	34	5
40亿~50亿元	1	2	-1

表9-2 广东电子信息制造业综合实力百强企业营业收入增速分布情况表

营收增速区间	2024年企业数	2023年企业数	2023年比2022年变化
50%以上	3	13	-10
30%~50%	4	8	-4
10%~30%	18	21	-3
0~10%	25	20	5
0及以下	50	38	12

二、企业效益明显改善

本届百强企业实现利润总额合计2331.52亿元，同比增长34.6%，占全省规模以上电子信息制造业利润总额比重超过84%，占全省规模以上工业企业利润总额比重约22%。行业头部企业增势尤为明显，本届百强企业中营业收入超1000亿元的8家企业合计利润总额1584.53亿元，同比增长70.3%，占本届百强企业利润总额比重超68.0%，占全省规模以上电子信息制造业利润总额比重超57.5%，占全省规模以上工业企业利润总额比重超15.0%。本届百强企业行业营业利润率为6.1%，较上年提高1.8个百分点。

三、创新能力不断增强

本届百强企业研发投入总额合计超3000亿元，同比增长3.8%，企业研发投入总额占营业总收入比重达8.3%，30家企业研发投入金额占营业收入比重超6%，较上一届百强企业增加6家。营业收入超1000亿元企业2023年合计研发投入金额同比增长3.4%，研发投入金额占营业收入比重达11.1%。62家企业2023年的研发投入金额增速实现正增长，其中研发投入金额同比增长率超过50%的企业有6家，研发投入金额同比增长在20%～50%的企业有16家。截至2023年底，本届百强企业累计科技创新总含量256264.09T（T指的是技术含量单位，科技创新总含量是根据企业发明公布专利、发明授权专利、实用新型专利、软件著作权、外观设计专利五项知识产权进行单位换算），营业收入超1000亿元企业累计科技创新总含量占百强企业科技创新总含量的72.1%。本届百强企业研发人员合计37.4万人，占全部从业人员比重超过20%。根据世界知识产权组织（WIPO）公布的2023年的国际专利申请数量，广东6家企业进入全球PCT国际专利申请人排行榜前50强，其中新一代电子信息领域企业5家，分别为华为、OPPO、vivo、中兴、荣耀，其中华为以6494件PCT专利申请量位居全球第一，OPPO以1766件位居全球第九位。本届百强企业积极参与国家各项重大战略部署，持续推进核心技术研发攻关，强化关键产品自给保障能力，着力提升产业链供应链韧性和安全水平。在电子元器件领域，突破射频滤波器、片式多层陶瓷电容器、光通信器件等关键领域核心技术瓶颈，部分核心器部件实现国产化替代。在新型显示领域，前沿技术不断迭代演进，实现了从"少屏"到"强屏"的转变。柔性显示、印刷显示、激光显示等新兴技术不断取得突破，技术储备不断增强。TCL科技重点围绕印刷OLED、QLED以及Micro-LED等新型显示技术的工艺、材料和设备持续加大研发投入，量子点专利申请数量位居全球第二，覆盖量子点材料、背光、面板等14个领域，形成了非常周密的专利布局。天马微电子在车载前装和车载仪表、LTPS智能机、工业品、刚性OLED智能穿戴等显示领域出货量全球第一，并在医疗、智能家居、工业手持、人机交互等多个细分市场保持全球领先。在通信设备领域，华为、中兴分别位列全球第一、第四大运营商网络设备商，其中华为5G标准必要专利数量位列全球第一；智能手机领域，OPPO、传音跻身2023年全球智能手机出货量前五名；彩电领域，TCL、创维液晶电视出货量均位列全球前十。百强企业始终坚持以开放促发展，以合作促共赢的理念，积极开展全球化布局，国际影响力日益提升。

四、企业集聚于珠三角地区

本届百强企业中，13个城市有入选企业，主要分布在珠三角城市（占比超90%），百强企业数量位居前五位的城市分别是深圳市57家、惠州市12家、东莞市10家、广州市7家、中山市4家，五个城市共有百强企业数90家（见表9-3）。其中，深圳市57家百强企业营业收入合计同比增长0.5%，高于全省规模以上电子信息制造业营业收入增速1.1个百分点，营业收入占本届百强企业营业总收入比重超70%，占全省规模以上电子信息制造业营业收入比重超50%。惠州市12家百强企业营业收入合计同比增长10.6%，高于本届百强企业营业收入增速9.9个百分点，高于全省规模以上电子信息制造业营业收入增速11.2个百分点。东莞市10家百强企业营业收入合计同比下降6.3%，低于本届百强企业营业收入增速7个百分点，低于全省规模以上电子信息制造业营业收入增速5.7个百分点。广州市7家百强企业营业收入合计同比下降0.2%，低于本届百强企业营业收入增速0.9个百分点，高于全省规模以上电子信息制造业营业收入增速0.4个百分点。中山市4家百强企业营业收入合计同比下降10.9%，低于本届百强企业营业收入增速11.6个百分点，低于全省规模以上电子信息制造业营业收入增速10.3个百分点。

表9-3 广东电子信息制造业综合实力百强企业在各个城市分布情况表

排名	城市	2024年企业数	2023年企业数	2024年比2023年变化
1	深圳市	57	58	−1
2	惠州市	12	10	2
3	东莞市	10	10	0
4	广州市	7	5	2
5	中山市	4	4	0
6	珠海市	2	3	−1
7	江门市	2	3	−1
8	汕头市	1	1	0
9	佛山市	1	1	0

（续表）

排名	城市	2024年企业数	2023年企业数	2024年比2023年变化
10	韶关市	1	1	0
11	汕尾市	1	1	0
12	清远市	1	1	0
13	潮州市	1	1	0

数据来源：广东省电子信息行业协会整理。

第二节　广东省电子信息制造业百强企业 上市企业发展情况

一、上市企业经营效益下滑

本届百强企业中共有56家上市企业，实现营业收入合计1.86万亿元，同比增长0.1%，高于全省规模以上电子信息制造业增速0.7个百分点，占全省规模以上电子信息制造业营业收入39.4%，占全省规模以上工业企业营业收入10%。其中有29家上市企业营业收入实现正增长，传音控股、亿纬锂能、广和通等3家企业营业收入同比增长超30%；营业收入同比增长在10%～30%之间的企业有11家。56家上市企业利润总额合计870.35亿元，同比下降7.9%，占全省规模以上电子信息制造业利润总额31.6%，占全省规模以上工业企业利润总额8.2%。其中有23家上市企业利润总额实现正增长，利润总额同比增长超50%的企业有10家，利润总额同比增长在30%～50%之间的企业有5家，利润总额同比增长在10%～30%之间的企业有5家（见表9-4）。

表9-4　上市企业2023年营业收入、利润总额增速情况表

营收增速区间	营收增速正增长企业数	利润增速正增长企业数
50%以上	0	10

（续表）

营收增速区间	营收增速正增长企业数	利润增速正增长企业数
30%～50%	3	5
10%～30%	11	5
0～10%	15	3
0以下	27	33

数据来源：广东省电子信息行业协会整理。

二、研发投入强度稳步提高

本届百强企业中56家上市企业2023年研发投入金额合计1015.19亿元，同比增长6.9%，高于本届百强企业研发投入金额增速3.1个百分点；研发投入总额占营业总收入比重为5.5%，占本届百强企业研发投入总金额比重超过30%。39家企业2023年研发投入金额实现正增长，珠海冠宇、江波龙、和而泰3家企业研发投入金额同比增长超50%，研发投入金额同比增长10%～30%之间的企业有22家。其中有22家企业2023年研发投入金额占营业收入比重超6%，其中中兴通讯、大族激光、中国长城、海能达、珠海冠宇、利元亨研发投入金额比重超10%。36家企业2023年研发人员数量较上年同期实现正增长，其中珠海冠宇、东阳光2家企业研发人员数量同比增长超30%（见表9-5）。

表9-5 上市企业2023年营业收入、研发投入情况表

序号	企业名称	地市	2023年营业收入（亿元）	同比增长（%）	2023年研发投入（亿元）	同比增长（%）	研发投入占比（%）
1	富士康工业互联网股份有限公司	深圳	4763.40	-6.9%	108.11	-6.7%	2.3%
2	立讯精密工业股份有限公司	深圳	2319.05	8.4%	81.89	-3.1%	3.5%
3	TCL科技集团股份有限公司	惠州	1743.67	4.7%	95.23	10.3%	5.5%

（续表）

序号	企业名称	地市	2023年营业收入（亿元）	同比增长（%）	2023年研发投入（亿元）	同比增长（%）	研发投入占比（%）
4	中兴通讯股份有限公司	深圳	1242.51	1.1%	252.89	17.1%	20.4%
5	创维集团有限公司	深圳	690.31	29.1%	21.27	0.5%	3.1%
6	深圳传音控股股份有限公司	深圳	622.95	33.7%	22.56	8.6%	3.6%
7	惠州亿纬锂能股份有限公司	惠州	487.84	34.4%	27.32	26.9%	5.6%
8	欣旺达电子股份有限公司	深圳	478.62	−8.2%	27.11	−1.1%	5.7%
9	广东领益智造股份有限公司	江门	341.24	−1.0%	18.08	−13.7%	5.3%
10	天马微电子股份有限公司	深圳	322.71	2.6%	30.62	12.1%	9.5%
11	鹏鼎控股（深圳）股份有限公司	深圳	320.66	−11.4%	19.57	17.0%	6.1%
12	格林美股份有限公司	深圳	305.29	3.9%	12.03	5.7%	3.9%
13	贝特瑞新材料集团股份有限公司	深圳	251.19	−2.2%	9.58	−24.1%	3.8%
14	纳思达股份有限公司	珠海	240.62	−6.9%	17.51	2.1%	7.3%
15	瑞声科技控股有限公司	深圳	204.19	−1.0%	15.73	1.7%	7.7%
16	广州视源电子科技股份有限公司	广州	201.73	−3.9%	14.22	11.1%	7.1%
17	康佳集团股份有限公司	深圳	178.49	−39.7%	4.98	−8.4%	2.8%
18	木林森股份有限公司	中山	175.36	6.2%	3.81	28.4%	2.2%

（续表）

序号	企业名称	地市	2023年营业收入（亿元）	同比增长（%）	2023年研发投入（亿元）	同比增长（%）	研发投入占比（%）
19	深圳市兆驰股份有限公司	深圳	171.67	14.2%	7.04	11.7%	4.1%
20	欧菲光集团股份有限公司	深圳	168.63	13.7%	9.15	−28.1%	5.4%
21	深圳市德方纳米科技股份有限公司	深圳	169.73	−24.8%	5.52	27.7%	3.3%
22	广东生益科技股份有限公司	东莞	165.86	−7.9%	8.41	−10.9%	5.1%
23	广州天赐高新材料股份有限公司	广州	154.05	−31.0%	6.46	−27.8%	4.2%
24	深圳长城开发科技股份有限公司	深圳	142.65	−11.5%	3.62	15.7%	2.5%
25	大族激光科技产业集团股份有限公司	深圳	140.91	−5.8%	17.67	8.3%	12.5%
26	深圳市长盈精密技术股份有限公司	深圳	137.22	−9.7%	12.37	1.8%	9.0%
27	深圳市康冠科技股份有限公司	深圳	134.47	16.0%	6.17	21.2%	4.6%
28	深南电路股份有限公司	深圳	135.26	−3.3%	10.73	30.9%	7.9%
29	中国长城科技集团股份有限公司	深圳	134.20	−4.3%	13.62	3.0%	10.1%
30	珠海冠宇电池股份有限公司	珠海	114.46	4.3%	11.50	200.6%	10.0%
31	中山大洋电机股份有限公司	中山	112.88	3.3%	4.93	15.3%	4.4%

（续表）

序号	企业名称	地市	2023年营业收入（亿元）	同比增长（%）	2023年研发投入（亿元）	同比增长（%）	研发投入占比（%）
32	广东东阳光科技控股股份有限公司	韶关	108.54	−7.2%	4.29	−4.6%	3.9%
33	深圳市景旺电子股份有限公司	深圳	107.57	2.3%	6.01	10.0%	5.6%
34	深圳市江波龙电子股份有限公司	深圳	101.25	21.6%	5.94	66.7%	5.9%
35	深圳拓邦股份有限公司	深圳	89.92	1.3%	6.90	16.5%	7.7%
36	深圳市共进电子股份有限公司	深圳	85.30	−22.3%	3.62	−18.1%	4.2%
37	深圳同兴达科技股份有限公司	深圳	85.14	1.1%	3.44	−16.1%	4.0%
38	胜宏科技（惠州）股份有限公司	惠州	79.31	0.6%	3.48	21.2%	4.4%
39	深圳市广和通无线股份有限公司	深圳	77.16	36.7%	7.08	25.2%	9.2%
40	深圳和而泰智能控制股份有限公司	深圳	75.07	25.8%	5.05	57.2%	6.7%
41	深圳市信维通信股份有限公司	深圳	75.48	−12.1%	6.49	1.4%	8.6%
42	深圳市洲明科技股份有限公司	深圳	74.10	4.7%	4.02	14.9%	5.4%
43	深圳新宙邦科技股份有限公司	深圳	74.84	−22.5%	4.85	−8.4%	6.5%
44	惠州市华阳集团股份有限公司	惠州	71.37	26.6%	6.06	28.6%	8.5%

（续表）

序号	企业名称	地市	2023年营业收入（亿元）	同比增长（%）	2023年研发投入（亿元）	同比增长（%）	研发投入占比（%）
45	广州鹏辉能源科技股份有限公司	广州	69.32	-23.5%	3.70	-16.9%	5.3%
46	深圳市得润电子股份有限公司	深圳	59.87	-22.8%	3.23	7.0%	5.4%
47	国光电器股份有限公司	广州	59.33	-1.0%	3.19	16.6%	5.4%
48	潮州三环（集团）股份有限公司	潮州	57.27	11.2%	5.46	20.7%	9.5%
49	崇达技术股份有限公司	深圳	57.72	-1.7%	3.18	4.7%	5.5%
50	海能达通信股份有限公司	深圳	56.53	0.0%	9.01	-4.4%	15.9%
51	惠州光弘科技股份有限公司	惠州	54.02	29.3%	1.29	17.4%	2.4%
52	深圳莱宝高科技股份有限公司	深圳	55.86	-9.2%	2.57	-8.6%	4.6%
53	广东汕头超声电子股份有限公司	汕头	54.57	-18.2%	2.71	-1.1%	5.0%
54	深圳市兴森快捷电路科技股份有限公司	深圳	53.60	0.1%	4.92	28.4%	9.2%
55	深圳顺络电子股份有限公司	深圳	50.40	18.9%	3.84	8.9%	7.6%
56	广东利元亨智能装备股份有限公司	惠州	49.94	18.8%	5.17	9.8%	10.4%

数据来源：企业披露年报，广东省电子信息行业协会整理。

第三节　广东省电子信息制造业百强企业细分领域重点企业发展情况

本届百强企业业务范围涉及通信设备、消费电子设备、新型显示、电子元器件、集成电路、锂离子电池、电子装备设备等重点细分行业领域。

通信设备行业领域，华为是全球领先的ICT（信息与通信）基础设施和智能终端提供商，在电信运营商、企业、终端和云计算等领域构筑了端到端的解决方案优势，是中国通讯领域领头羊。中国信通院数据显示，华为的5G标准必要专利数量已经超过了9000项，位列全球第一。2023年，华为营业收入排名前四位的业务分别为：ICT基础设施业务、终端业务、云计算业务、数字能源业务。2023年华为实现销售收入7042亿元，同比增长9.6%。截至2023年底，华为在全球拥有超过14万件授权专利。中兴通讯作为全球四大通信设备商之一，持续提升关键技术及产品竞争力，2023年实现营业收入1242.51亿元，同比增长1.1%。三大业务中，占营收比重最大的运营商网络业务实现增长，带动了整体营业收入的同比提升。运营商网络业务实现营业收入827.59亿元，政企业务实现营业收入135.84亿元，消费者业务实现营业收入279.09亿元。作为全球5G技术研究、标准制定主要贡献者和参与者，截至2023年底，中兴通讯拥有约8.95万件全球专利申请、历年全球累计授权专利约4.5万件，向ETSI披露5G标准必要专利声明量位居全球第四。2023年，公司5G基站发货量、5G核心网发货量均为连续四年全球第二。消费者业务领域，中兴打造了以智能手机为核心的"1+2+N"智慧生态，逐步整合手机、移动互联产品、家庭信息终端及生态能力。海能达作为全球领先的专用通信及解决方案提供商，全面掌握PDT、TETRA、DMR三大主流专业无线通信数字技术标准，能够同时提供卫星通信、宽带集群、公专融合、融合通信、应急通信等全系列专用通信设备，拥有从底层协议、系统网络到统一平台、应用软件、智能终端，再到一站式落地交付的全产业链布局，为用户提供从终端到系统，从前端感知到上层数据分析，覆盖语音、视频、数据、人工智能等的综合解决方案。同时，海能达积极参与国际、国内、行业通信标准的制定和修订工作，多项提案被欧洲通信标准组织（ETSI）采纳并发布，并成功推动中国自主知识产权的PDT数字集群通信标准的发布。截至2023年底，海能达累计申请专利3224项，其中PCT 536项，目前有1969项专利已获授权，多数以发明专利为主，并拥有多项达到业界领先水平的核心技术及自主知识产权。

消费电子设备行业领域，OPPO作为全球领先的智能终端制造商，2023年全球智能手机出货量1.03亿台，以8.8%的市场份额位居全球智能手机出货量第四名。OPPO围绕智慧终端产品，坚持以硬件创新为核心，在5G/6G通信、AI、影像等领域进行技术投入与布局，并在产品与技术上不断取得突破，目前OPPO全球专利申请量超过10万件，全球授权数量超过55000件，专利覆盖主要领域包括5G、影像、芯片、创新形态、充电等。OPPO以1766件PCT国际专利申请量位列申请人排行榜全球第九位，连续五年跻身全球前十。vivo通过其丰富的产品线布局获取了稳定增长，2023年全球智能手机出货量8890万台，位居全球智能手机出货量第六名，以16.9%的国内市场份额位居国产品牌智能手机市场占有率第一名。vivo专注设计、影像、系统、性能四条赛道，持续进行坚决投入，2023年顺应人工智能浪潮，发布自研蓝心大模型以及基于AI能力自主研发的蓝河操作系统BlueOS，同月发布的X100系列手机搭载了"蓝科技"，融合了新一代自研影像芯片、MediaTek联合研发新一代旗舰平台、大语言模型、蓝海电池、全新OriginOS系统等一系列新技术。创维集团确立"5G+AI+终端"的技术发展战略，攻关画质、音质、模组、超薄、美学、软件、传感等核心技术和持续创新应用，于2023推出一体Mini LED电视G7D/A5D系列、百寸巨幕系列电视100Q7D/L100D/100Q53、自动低延迟模式（ALLM）低延迟低蓝光无频闪语音电视A3D。2023年创维集团实现营业收入690.31亿元，同比增长29.1%。在业界被称为"非洲之王"的传音持续深耕非洲、南亚等新兴市场，非洲第一的领先优势得到保持，同时南亚市场的领先优势得到进一步扩大。根据IDC数据显示，2023年公司在全球手机市场的占有率14.0%，在全球手机品牌厂商中排名第三，其中智能机在全球智能机市场的占有率为8.1%，排名第五；2023年传音在非洲智能机市场的占有率超过40%，非洲排名第一。南亚市场板块，巴基斯坦智能机市场占有率超过40%，排名第一；孟加拉国智能机市场占有率超过30%，排名第一；印度智能机市场占有率8.2%，排名第六。基于在新兴市场积累的领先优势，传音积极实施多元化战略布局，发挥本地化优势，推动"手机+移动互联网服务+家电、数码配件"的商业生态模式逐步完善。

　　新型显示行业领域，TCL科技集团以半导体显示业务、新能源光伏及半导体材料业务为核心主业，2023年TCL科技实现营业收入1743.67亿元，同比增长4.7%。TCL科技作为全球半导体显示龙头之一，近年来加快调整产品结构，积极开拓新客户，向全尺寸综合显示龙头稳步迈进。2023年，TCL半导体显示业务实现营业收入836.55亿元，同比增长27.26%。大尺寸业务领域，TCL华星发挥高世代线优势与产业链协同效用，引领电视面板大尺寸升级及高端化发展，积极发展交互白板、数字标牌、拼接屏等商用显示业务。2023年TCL电视面板市场份额稳居全球前二，55寸及以上尺寸产品面积占比提升至79%，65寸及以上产品面积占比51%，55寸和75寸产品份额全球第一，65寸产品份额全球第二，交互白板、数字标牌、拼接屏等商显产品份额居全球前三。中尺寸业务领域，TCL科技加快IT和车载等新业务拓展，完善产能布局，打造业务增长新动能。2023年定位于中尺寸IT和车载等业务的T9产线第一期产能达产，显示器整体出货排名提升至全球第三，其中电竞显示器市场份额全球第一，笔电和车载产品按计划完成品牌客户导入并逐步放量。TCL华星的中尺寸业务收入占比提升至21%，成为未来增长的主要引擎。小尺寸业务领域，TCL华星以LTPS和柔性OLED的产线组合定位中高端市场，产品竞争力和市场份额持续提升。T3产线LTPS手机面板出货量全球第三。T4柔性OLED产线稼动率和出货量快速提升，第四季度柔性OLED手机面板出货量提升至全球第四。TCL科技旗下广东聚华的"国家印刷及柔性显示创新中心"是我国显示领域唯一的一家国家级创新中心，已建成全球领先的G4.5印刷显示公共研发平台，整合了从材料、工艺、制程到应用验证的各环节产业链资源。深天马深耕中小尺寸显示领域近四十年，将手机显示、车载显示作为核心业务，将IT显示作为快速增长的关键业务，不断提升技术、产品和服务能力。2023年，深天马在TFT车载前装和车载仪表、LTPS智能手机、工业品、刚性OLED智能穿戴等显示应用市场出货量均保持全球第一，柔性OLED智能机面板出货量跃升至国内第二。此外，深天马在医疗、智能家居、工业手持、人机交互等多个专业显示细分市场持续保持全球领先。产业布局方面，深天马加速推进新产线建设，其中TM18顺利爬坡，提前5个月实现单月百万片出货，实现折叠、HTD、MLP等先进技术在头部客户旗舰产品量产。

　　电子器件行业领域，欧菲光主营业务产品包括光学影像模组、光学镜头、微电子及智能汽车相关产品等，广泛应用于以智能手机、智能家居及智能VR/AR设备等为代表的消费电子和智能汽车领域。欧菲光大力发展高端镜头、摄像头模组等光学核心业务，以及3D TOF、指纹识别等微电子核心业务，逐步巩固和提升市场份额，保持全球光学光电领域龙头地位。凭借光学创新优势和在消费电子领域积累的核心客户优势，成为中高端摄像头产品的主力供应商，保持市场领先地位，摄像头模组出货量位列全球前列。同时，欧菲光在光学屏下指纹识别模组和超声波屏下指纹识别模组均处于龙头地位，成为目前屏下指纹识别模组的主要供应商，指纹识别模组单月出货量稳居全球前列。2023年欧菲光实现营业收入168.63亿元，同比增长13.7%，净利润7690.50万元，实现扭亏为盈。木林森作为全球照明行业的引领者和中国照明制造业的领导者，是以LED封装和LED智慧照明品牌业务为主，覆盖LED半导体材料、新型应用产品及创新业务的全球化科技企业，2023年实现营业收入175.36亿元。作为国内最大的LED封装制造商之一，木林森自主研发取得了一系列技术成果，已获授权的专利超过2600项，LED封装产品在技术上处于国内领先水平。长盈精密紧跟电子信息产业及新能源产业快速发展的步伐，逐步由精密制造向智能制造方向发展，服务领域也拓展至移动通信终端、新能源汽车零组件、机器人及智能制造领域等市场。2023年实现营业总收入137.22亿元，实现净利润8570.28万元，同比增长102.23%。截至2023年底，长盈精密及其子公司获得授权且有效的专利2173件，其中发明专利780件。

电子元件行业领域，潮州三环主要从事陶瓷类电子元件及其基础材料的研发、生产和销售，具有50多年电子陶瓷生产经验，包括通信部件、半导体部件、电子元件及材料、压缩机部件、新材料等的生产和研发。潮州三环主导产品从最初的单一电阻发展成为目前以光纤陶瓷插芯及套筒、陶瓷封装基座、MLCC、陶瓷基片和手机外观件等产品为主的多元化的产品结构，其中光纤连接器陶瓷插芯、氧化铝陶瓷基板、电阻器用陶瓷基体等产销量均居全球前列。2023年，潮州三环实现营业收入57.27亿元，同比增长11.2%。潮州三环成功组建了广东省内唯一一个广东省先进陶瓷材料创新中心，打造贯通创新链、产业链、资本链的制造业创新生态系统。瑞声科技是全球领先的智能设备解决方案提供商，在声学、光学、触感、传感器及半导体、精密制造等领域拥有强大的综合竞争力，产品广泛应用于以智能手机、电视、笔记本为代表的消费电子领域。此外，瑞声科技还与全球光波导显示技术领导者Dispelix达成战略合作，正式进入增强现实（AR）和混合现实（MR）领域，为其提供大规模定制光学元件，更好地满足AR和MR等全球可穿戴设备相关市场需求。2023年瑞声科技实现营业收入204.2亿元，其中光学业务和声学业务营业收入分别为75.0亿元和36.3亿元，光学业务同比增长12.7%，瑞声科技在成立之初就确立了技术领先的竞争策略，积极拓展光学、声学元器件、精密结构件等细分领域的研发，始终保持细分领域的技术先进性和创造力。2023年，瑞声科技研发投入金额为15.73亿元，占营业收入比重较去年提升1.8%至11.6%，在全球设立了18个研发中心，拥有3961名研发人才。

电子电路制造领域，鹏鼎控股是全球范围内少数同时具备各类印制电路板的设计、研发、制造与销售业务的专业服务公司，专注于为行业领先客户提供全方位PCB产品及服务。根据Prismark以营收计算的全球PCB企业排名，鹏鼎控股2017年至2023年连续七年位列全球最大PCB生产企业，2023年实现营业收入320.66亿元，净利润32.87亿元，毛利率为21.34%。截至2023年底，公司累计取得的国内外专利共计1266件，研发新技术包含应用于新能源电子、动态折叠电子、高清显示技术、5G模块模组技术及云端高性能计算及AI服务器主板技术等，保证了公司核心竞争力。深南电路专注于电子互联领域，作为印制电路板行业首家国家技术创新示范企业，在背板、高速多层板、高频微波板等各种高中端PCB加工工艺方面拥有了领先的综合技术能力，已成为全球领先的无线基站射频功放PCB供应商、国内领先的处理器芯片封装基板供应商。2023年深南电路实现营业总收入135.26亿元。截至2023年底，深南电路已获授权专利872项，其中发明专利461项，累计申请国际PCT专利96项，专利授权数量位居行业前列。

锂离子电池行业领域，欣旺达已发展成为全球锂离子电池领域的领军企业，并成为国内锂能源领域设计研发能力最强、配套能力最完善、产品系列最多的锂离子电池模组制造商之一，形成了3C消费类电池、智能硬件、电动汽车电池、储能系统与能源互联网、自动化与智能制造、第三方检测服务等六大产业群。在手机数码类锂离子电池模组、笔记本电脑类锂离子电池模组和汽车及动力类锂电池处于国内同行业领先水平，产品被众多国内外知名厂商采用。2023年实现营业收入478.62亿元。亿纬锂能是行业内少数同时掌握消费电池和动力电池核心技术的锂电池制造商。据中国化学与物理电源行业协会统计，公司的锂原电池产销规模多年来稳居国内第一，动力电池装机量同样排名前列，是中国锂电池行业的核心供应企业，2023年实现营业收入487.84亿元，同比增长34.4%。其中，消费电池业务实现营业收入83.62亿元，动力电池和储能电池业务实现营业收入403.23亿元，同比增长45.7%。亿纬锂能的锂亚硫酰氯电池成功入选"国家级制造业单项冠军产品"，进一步加强了公司在消费电池领域的核心竞争力。贝特瑞是专业从事锂离子电池正、负极材料的研发、生产和销售的国家高新技术企业。贝特瑞积极推进石墨化自供率的提升，保证供应链的稳定性和产品质量。2023年，子公司四川瑞鞍、山东瑞阳负极项目相继投产，山西瑞君和云南贝特瑞石墨化产线预计于2024年陆续建成投产。目前已形成了覆盖华南、华东、华北、中西部地区等境内主要新能源产业集群区域的产能布局，同时积极推进印尼、摩洛哥等海外基地建设。截至2023年底，贝特瑞已投产负极材料产能为49.5万吨/年，相较2022年末同比增长16.5%。2023年贝特瑞实现营业收入251.19亿元。其中，负极材料销量超过36万吨，实现营业收入122.96亿元，2023年贝瑞特全球负极材料市场占有率约为22%，出货量位列全球第一；正极材料销量超过4万吨，实现营业收入123.12亿元，同比增长19.5%。

集成电路行业领域，江波龙电子深耕Flash及DRAM存储芯片产品的研发、设计，拥有嵌入式存储、移动存储、固态硬盘及内存条四条产品线，提供消费级、工规级、车规级存储器以及行业存储软硬件应用解决方案。公司持续优化产品结构及客户结构，聚焦核心产品及核心大客户，不断拓展存储器细分市场的大客户群体。2023年，江波龙成功量产出货两款自研主控芯片（WM 6000、WM 5000），并继续保持中高端存储器产品固件算法自研的竞争优势。江波龙进一步拓展了SLC NAND Flash等小容量存储芯片设计能力，并推进相较于典型存储器/模组企业，公司研发布局突破藩篱进入到集成电路设计领域，实质性构建了自研SLC NAND Flash存储芯片设计业务，产品获得客户认可实现量产销售。公司坚持自主创新，持续加大研发投入力度，高度重视人才，尤其是研发人才的引进与培养。截至2023年底，江波龙拥有技术研发人员986人；已获得533项专利，其中发明专利215项，境外专利109项。

电子装备设备制造行业领域，大族激光是一家提供激光、机器人及自动化技术在智能制造领域的系统解决方案的高端装备制造企业，具备从基础器件、整机设备到工艺解决方案的垂直一体化能力，是全球领先的工业激光加工及自动化整体解决方案服务商。目前已经形成产品的各类智能制造装备型号已达600多种，也是国内激光设备最齐全、细分行业经验最丰富的公司。大族激光围绕"基础器件技术领先，行业装备深耕应用"的发展战略，持续加大行业专用设备业务的研发和投入，坚持自主创新，不断拓展新的行业应用和场景，2023年研发投入金额为17.83亿元，研发投入占营业收入比例达12.7%，研发人员占比达38.5%。截至2023年底，拥有有效知识产权8811项，其中各类专利共5958项，著作权1783项，商标权1070项。在Micro-LED领域，大族激光同步推进在MIP、COB封装路线的布局，已经研发出Micro-LED巨量转移、Micro-LED巨量焊接、Micro-LED修复等设备，市场验证反映良好。第三代半导体技术方面，公司研发的碳化硅激光切片设备正在持续推进与行业龙头客户的合作，为规模化生产做准备，并推出了碳化硅激光退火设备新产品。

第四节　2024年广东省电子信息制造业综合实力百强企业榜单

在国家和省相关产业政策的引导下，广东省电子信息创造业综合实力百强企业坚持企业创新主体地位，进一步加大研发投入力度，提高研发产出率，持续深化产学研合作，积极主动实施数字化转型和绿色低碳发展，切实发挥龙头企业在高质量发展中的引领地位，是广东电子信息制造业高质量发展的"压舱石"和"稳定器"。2024广东省电子信息制造业综合实力百强排名前十位的企业分别是华为投资控股有限公司、富士康工业互联网股份有限公司、立讯精密工业股份有限公司、TCL科技集团股份有限公司、OPPO广东移动通信有限公司、富泰华工业（深圳）有限公司、中兴通讯股份有限公司、TCL实业控股股份有限公司、荣耀终端有限公司、维沃移动通信有限公司，其中华为投资控股有限公司连续四年蝉联榜首。

表9-6　2024年广东省电子信息制造业综合实力百强企业

排名	企业名称	所属地市
1	华为投资控股有限公司	深圳市
2	富士康工业互联网股份有限公司	深圳市
3	立讯精密工业股份有限公司	深圳市
4	TCL科技集团股份有限公司	惠州市
5	OPPO广东移动通信有限公司	东莞市
6	富泰华工业（深圳）有限公司	深圳市
7	中兴通讯股份有限公司	深圳市
8	TCL实业控股股份有限公司	惠州市
9	荣耀终端有限公司	深圳市
10	维沃移动通信有限公司	东莞市
11	创维集团有限公司	深圳市
12	深圳传音控股股份有限公司	深圳市
13	比亚迪精密制造有限公司	深圳市
14	深圳理士电源发展有限公司	深圳市
15	广东德赛集团有限公司	惠州市
16	惠州亿纬锂能股份有限公司	惠州市
17	欣旺达电子股份有限公司	深圳市
18	东莞华贝电子科技有限公司	东莞市
19	广东领益智造股份有限公司	江门市
20	天马微电子股份有限公司	深圳市
21	鹏鼎控股（深圳）股份有限公司	深圳市
22	格林美股份有限公司	深圳市
23	深圳华强集团有限公司	深圳市

（续表）

排名	企业名称	所属地市
24	深圳市天珑移动技术有限公司	深圳市
25	纬创资通（中山）有限公司	中山市
26	贝特瑞新材料集团股份有限公司	深圳市
27	纳思达股份有限公司	珠海市
28	深圳富泰宏精密工业有限公司	深圳市
29	广州数字科技集团有限公司	广州市
30	联想信息产品（深圳）有限公司	深圳市
31	瑞声科技控股有限公司	深圳市
32	广东先导稀材股份有限公司	清远市
33	恩斯迈电子（深圳）有限公司	深圳市
34	广州视源电子科技股份有限公司	广州市
35	龙旗电子（惠州）有限公司	惠州市
36	康佳集团股份有限公司	深圳市
37	木林森股份有限公司	中山市
38	深圳市兆驰股份有限公司	深圳市
39	联想系统集成（深圳）有限公司	深圳市
40	伯恩光学（惠州）有限公司	惠州市
41	欧菲光集团股份有限公司	深圳市
42	深圳市德方纳米科技股份有限公司	深圳市
43	广东生益科技股份有限公司	东莞市
44	广州立景创新科技有限公司	广州市
45	广州天赐高新材料股份有限公司	广州市
46	深圳长城开发科技股份有限公司	深圳市

（续表）

排名	企业名称	所属地市
47	大族激光科技产业集团股份有限公司	深圳市
48	深圳市长盈精密技术股份有限公司	深圳市
49	深圳市康冠科技股份有限公司	深圳市
50	深南电路股份有限公司	深圳市
51	中国长城科技集团股份有限公司	深圳市
52	深圳市世纪云芯科技有限公司	深圳市
53	珠海冠宇电池股份有限公司	珠海市
54	中山大洋电机股份有限公司	中山市
55	佛山群志光电有限公司	佛山市
56	深圳麦克韦尔科技有限公司	深圳市
57	广东东阳光科技控股股份有限公司	韶关市
58	东莞新能德科技有限公司	东莞市
59	深圳市景旺电子股份有限公司	深圳市
60	深圳市江波龙电子股份有限公司	深圳市
61	台达电子（东莞）有限公司	东莞市
62	惠科股份有限公司	深圳市
63	深圳拓邦股份有限公司	深圳市
64	比亚迪半导体股份有限公司	深圳市
65	深圳市共进电子股份有限公司	深圳市
66	深圳同兴达科技股份有限公司	深圳市
67	广州国显科技有限公司	广州市
68	宝德计算机系统股份有限公司	深圳市
69	信利光电股份有限公司	汕尾市
70	东莞新能源科技有限公司	东莞市

（续表）

排名	企业名称	所属地市
71	胜宏科技（惠州）股份有限公司	惠州市
72	深圳市广和通无线股份有限公司	深圳市
73	深圳市中诺通讯有限公司	深圳市
74	普联技术有限公司	深圳市
75	深圳和而泰智能控制股份有限公司	深圳市
76	广东长虹电子有限公司	中山市
77	深圳市信维通信股份有限公司	深圳市
78	深圳市洲明科技股份有限公司	深圳市
79	深圳新宙邦科技股份有限公司	深圳市
80	惠州市华阳集团股份有限公司	惠州市
81	深圳市三诺投资控股有限公司	深圳市
82	广东海信电子有限公司	江门市
83	才众电脑（深圳）有限公司	深圳市
84	广州鹏辉能源科技股份有限公司	广州市
85	高盛达控股（惠州）有限公司	惠州市
86	歌尔智能科技有限公司	东莞市
87	东莞富强电子有限公司	东莞市
88	深圳市得润电子股份有限公司	深圳市
89	华通精密线路板（惠州）股份有限公司	惠州市
90	国光电器股份有限公司	广州市
91	潮州三环（集团）股份有限公司	潮州市
92	崇达技术股份有限公司	深圳市
93	海能达通信股份有限公司	深圳市

（续表）

排名	企业名称	所属地市
94	惠州光弘科技股份有限公司	惠州市
95	深圳莱宝高科技股份有限公司	深圳市
96	广东汕头超声电子股份有限公司	汕头市
97	深圳市兴森快捷电路科技股份有限公司	深圳市
98	东莞东聚电子电讯制品有限公司	东莞市
99	深圳顺络电子股份有限公司	深圳市
100	广东利元亨智能装备股份有限公司	惠州市

第十章
2024年广东省电子信息制造业高成长创新企业发展情况

摘 要： 广东电子信息制造业高成长创新企业是支撑产业发展的生力军，也是推动行业创新发展的"急先锋"，对塑造产业高质量发展新优势、补齐补强产业短板、开辟新领域新赛道、引领前沿科技创新具有重要引领作用。首届广东省电子信息制造业高成长创新企业评价活动围绕企业规模、企业效益、研发创新、企业前景等维度，经报名征集、专家审核、名录公示等环节，最终遴选出广东电子信息制造业100家最具有发展潜力和行业代表性的高成长创新企业，入选企业近两年平均复合增长率达50.28%，平均研发强度为12.22%，充分反映广东电子信息制造领域新业态、新模式快速发展，科技创新成果不断涌现的良好态势。

第一节 广东省电子信息制造业高成长
创新企业发展特点

以生成式AI为代表的新一轮科技革命和产业变革深入发展，企业成长路径发生改变，电子信息制造业涌现出一批新技术、新业态、新模式的高成长创新企业。高成长创新企业以其独特的创新能力和巨大的发展潜力，日益成为新质生产力的代表，引领全省电子信息产业创新生态不断向前发展，在促进产业结构优化升级和实现经济可持续发展发挥着关键作用。广东省电子信息行业协会参照工业和信息化部《电子信息制造业统计调查制度》（国统制〔2021〕136号）统计口径及国家标准《高成长企业分类导引》（GB/T 41464-2022）要求，对全省电子信息制造业规模以上企业开展评价活动，围绕企业规模、企业效益、研发创新、企业前景等相关指标建立高成长创新企业评价模型，经报名征集、专家审核、名录公示等环节，最终遴选出2024年（第一届）广东省电子信息制造业高成长创新企业名单。广东电子信息制造业高成长创新企业（以下简称"高成长创新企业"）是支撑产业发展的生力军，也是推动行业创新发展的"急先锋"，对塑造产业高质量发展新优势、补齐补强产业短板、开辟新领域新赛道、引领前沿科技创新具有重要作用。

一、企业呈"高集聚、广分布"特征

广东省高成长创新企业分布于11个地市，覆盖全省一半以上地市，而广深珠三地共聚集了70家高成长创新企业，呈现高度聚集态势。深圳实施高新技术企业培育计划，积极引导企业加大研发投入，预计投入超20亿元，让科技资源更加聚焦电子信息等战略性新兴产业的创新企业，本次有37家高成长创新企业入围，占比近四成，数量位居全省第一。广州推出"锐100培优计划"，聚焦新一代电子信息技术领域、半导体及集成电路领域等重点企业，旨在培育一批最具成长性、创新性的中小企业，经过多年培育发展，取得明显成效，本次有19家高成长创新企业入围，数量居全省第二。珠海以14家入选企业位居第三位。粤东粤西粤北地区中，汕头、汕尾、云浮各有一家企业入选（见图10-1）。

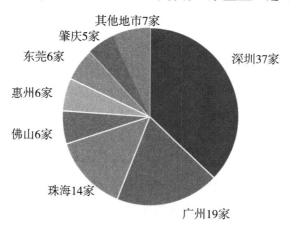

图10-1　广东省电子信息制造业高成长创新企业各地分布情况

数据来源：广东省电子信息行业协会整理。

二、企业覆盖全产业链条

全省高成长创新企业分布范围广，涵盖全产业链条，聚焦新一代电子信息产业领域，深耕产业链供应链细分领域，坚持专业化、精细化、特色化和新颖化发展导向，在自立自强中实现创新引领，在对接产业链中让科技成果跑出转化"加速度"。产业链上游环节，清溢光电是国内成立最早、规模最大的掩膜版生产企业之一，公司产品主要应用于平板显示、半导体芯片、触控、电路板等行业，在国内掩膜版领域，其代表了中国掩膜版产业的领先技术水平；天域半导体是我国最早实现第三代半导体碳化硅外延片产业化的企业，也是国内第一家获得汽车质量认证（IATF 16949）的碳化硅半导体材料企业，经过十余年的技术积累沉淀，公司已发展成为全球碳化硅外延片的主要供应商，在产品技术参数和客户器件良率等方面已达国际领先水平。中游环节，广州华星于2021年正式成立，为TCL华星在广州投资的重点生产基地，其中广州T9项目总投资350亿元，投产后月产能达到18万张玻璃基板，成为国内首座专门生产高端IT产品及专业显示的液晶面板高世代产线的企业；德赛西威聚焦于汽车电子领域，连续多年保持行业领先，是国内第二大座舱及智驾域控制器供应商。下游环节，广电五舟作为国家级专精特新"小巨人"企业，是国产服务器行业定制领域的领导品牌，拥有完整的X86和信创服务器产品线，累计获得专利和软件著作权120余项；联合同创聚焦于手机、平板电脑、笔记本电脑和智能穿戴IOT设备等电子终端产品ODM制造，产品专注于面向海外市场。

三、企业营收持续高速增长

广东省电子信息制造业高成长创新企业大部分已进入扩张阶段，随着内部结构的不断完善和成熟，企业展现出较强的发展活力，在营收、人员数量、产品市场占有率方面都较初创阶段有显著提高，呈现出茁壮成长的良好态势。全省高成长创新企业近两年营收平均复合增长率为50.3%，其中中科飞测、国星半导体、珠海英诺赛科、喜珍电路等31家企业增长率超50%，增长率在30%~50%之间的企业有波达通信、博硕科技、中宝新材等38家企业。中科飞测作为国内高端半导体检测和量测设备龙头，得益于在突破核心技术、持续产业化推进和迭代升级各系列产品的过程中取得的重要成果，公司产品种类日趋丰富，客户订单量持续增长，市占率不断提升，有力推动了公司经营业绩快速增长。

四、企业研发投入强度稳步提升

技术创新是企业发展的动力之源，是企业爬坡过坎、发展壮大的根本。广东省电子信息制造业高成长创新企业以技术创新为引领，以高水平人才为驱动，持续加大研发投入力度，开辟新领域新赛道，以创新优势赢得发展优势。全省高成长创新入选企业近三年平均研发强度（近三年企业研发投入占企业营收平均比重）为12.2%，其中广州华星、华冠科技、海华电子等28家企业研发强度超10%，充分反映广东电子信息制造领域新业态、新模式快速发展，科技创新成果不断涌现的良好态势。华冠科技是行业规模最大的专业化设备生产企业之一，自2002年以来被连续认定为国家高新技术企业，同时是国家级专精特新"小巨人"企业，其研发中心被认定为"省级企业技术中心""广东省工程技术研究开发中心"，已先后获得专利400多项，6项产品被认定为国家、省级重点新产品，8项产品被认定为省级高新技术产品。

第二节　2024年广东省电子信息制造业高成长创新企业名单

创新是发展的第一动力，高成长创新企业是广东电子信息制造业高质量发展的重要支撑。近年来，广东深入实施创新驱动核心战略，全面推进标准创新型企业梯度培育工作，优化政策供给体系，加强创新园区建设，打造资源共享平台，持续激发企业科技创新活力和动力，为广东电子信息制造业高质量发展注入新动能。此次入围的100家高成长创新企业均为近年来发展势头良好的市场主体，主要为各自行业细分领域的龙头企业和技术创新领跑者，具有较强的行业地位和话语权，是广东持续提升电子信息制造业发展能级和核心竞争力、更好代表广东参与国内国际合作与竞争的重要抓手。

表10-1　2024年广东省电子信息制造业高成长创新企业^①

序号	企业名称	所属地市
1	百强电子（深圳）有限公司	深圳市
2	波达通信设备（广州）有限公司	广州市
3	超讯通信股份有限公司	广州市
4	东莞栢能电子科技有限公司	东莞市
5	东莞市光华实业有限公司	东莞市
6	东莞市奇声电子实业有限公司	东莞市
7	东莞市通科电子有限公司	东莞市
8	佛山市国星半导体技术有限公司	佛山市
9	佛山市金银河智能装备股份有限公司	佛山市
10	广东晟辉科技股份有限公司	肇庆市
11	广东德远科技股份有限公司	广州市
12	广东电邦新能源科技有限公司	东莞市
13	广东方舟智造科技有限公司	肇庆市
14	广东海尔智能科技有限公司	佛山市
15	广东恒鑫智能装备股份有限公司	中山市
16	广东弘景光电科技股份有限公司	中山市
17	广东鸿浩半导体设备有限公司	佛山市
18	广东科信聚力新能源有限公司	惠州市
19	广东瑞洲科技有限公司	佛山市
20	广东省晶鸿电子有限公司	肇庆市
21	广东泰琪丰电子有限公司	佛山市
22	广东天域半导体股份有限公司	东莞市

① 按拼音首字母排序。

（续表）

序号	企业名称	所属地市
23	广东喜珍电路科技有限公司	肇庆市
24	广东翔海光电科技有限公司	云浮市
25	广上科技（广州）股份有限公司	广州市
26	广州艾目易科技有限公司	广州市
27	广州辰创科技发展有限公司	广州市
28	广州飞傲电子科技有限公司	广州市
29	广州广电五舟科技股份有限公司	广州市
30	广州华星光电半导体显示技术有限公司	广州市
31	广州康芬戴斯电子科技有限公司	广州市
32	广州市宝拓电子科技有限公司	广州市
33	广州市浩洋电子股份有限公司	广州市
34	广州市影擎电子科技有限公司	广州市
35	广州通则康威科技股份有限公司	广州市
36	广州优保爱驾科技有限公司	广州市
37	广州优飞智能设备有限公司	广州市
38	海华电子企业（中国）有限公司	广州市
39	惠州市德赛西威汽车电子股份有限公司	惠州市
40	惠州市华阳多媒体电子有限公司	惠州市
41	惠州市惠德瑞锂电科技股份有限公司	惠州市
42	惠州市骏亚精密电路有限公司	惠州市
43	惠州市沃瑞科技有限公司	惠州市
44	卡莱特云科技股份有限公司	深圳市
45	汕头市骅芯电子科技有限公司	汕头市
46	汕尾市栢林电子封装材料有限公司	汕尾市

（续表）

序号	企业名称	所属地市
47	深圳创维汽车智能有限公司	深圳市
48	深圳国人科技股份有限公司	深圳市
49	深圳晶华显示电子股份有限公司	深圳市
50	深圳可立克科技股份有限公司	深圳市
51	深圳鲲云信息科技有限公司	深圳市
52	深圳清溢光电股份有限公司	深圳市
53	深圳市艾比森光电股份有限公司	深圳市
54	深圳市铂科新材料股份有限公司	深圳市
55	深圳市博硕科技股份有限公司	深圳市
56	深圳市德明利技术股份有限公司	深圳市
57	深圳市鼎阳科技股份有限公司	深圳市
58	深圳市东林高科技有限公司	深圳市
59	深圳市汇创达科技股份有限公司	深圳市
60	深圳市金溢科技股份有限公司	深圳市
61	深圳市京弘全智能科技股份有限公司	深圳市
62	深圳市力合微电子股份有限公司	深圳市
63	深圳市联合同创科技股份有限公司	深圳市
64	深圳市铭利达精密技术股份有限公司	深圳市
65	深圳市齐普光电子股份有限公司	深圳市
66	深圳市前海研祥亚太电子装备技术有限公司	深圳市
67	深圳市三旺通信股份有限公司	深圳市
68	深圳市深汕特别合作区应达利电子科技有限公司	汕尾市
69	深圳市欣天科技股份有限公司	深圳市
70	深圳市星源材质科技股份有限公司	深圳市

（续表）

序号	企业名称	所属地市
71	深圳市誉辰智能装备股份有限公司	深圳市
72	深圳市元亨光电股份有限公司	深圳市
73	深圳市中电电力技术股份有限公司	深圳市
74	深圳特发东智科技有限公司	深圳市
75	深圳新飞通光电子技术有限公司	深圳市
76	深圳源明杰科技股份有限公司	深圳市
77	深圳震有科技股份有限公司	深圳市
78	深圳至正高分子材料股份有限公司	深圳市
79	深圳中宝新材科技有限公司	深圳市
80	深圳中科飞测科技股份有限公司	深圳市
81	顺科智连技术股份有限公司	广州市
82	先进电子（珠海）有限公司	珠海市
83	祥和科技（珠海）有限公司	珠海市
84	协创数据技术股份有限公司	深圳市
85	意力（广州）电子科技有限公司	广州市
86	英诺赛科（珠海）科技有限公司	珠海市
87	肇庆市和佳电子有限公司	肇庆市
88	置富科技（深圳）股份有限公司	深圳市
89	中山市瀚扬电子科技有限公司	中山市
90	珠海杜壹创新科技有限公司	珠海市
91	珠海国能新材料股份有限公司	珠海市
92	珠海海奇半导体有限公司	珠海市
93	珠海华冠科技股份有限公司	珠海市
94	珠海精实测控技术股份有限公司	珠海市

（续表）

序号	企业名称	所属地市
95	珠海零边界集成电路有限公司	珠海市
96	珠海欧力配网自动化股份有限公司	珠海市
97	珠海市嘉德电能科技有限公司	珠海市
98	珠海市科荟电器有限公司	珠海市
99	珠海市双捷科技有限公司	珠海市
100	珠海星辰打印耗材有限公司	珠海市

第十一章
广东省新一代电子信息领域
单项冠军企业情况

摘　要： 制造业单项冠军企业是指长期专注于制造业某些特定细分产品市场，生产技术或工艺国际领先，单项产品市场占有率位居全球前列的企业。单项冠军企业在制造业产业链中居于引领地位，是制造业创新发展的基石。培育制造业单项冠军，是推动制造业高质量发展的重要内容之一。工信部自2016年启动制造业单项冠军企业培育工作以来，截至2023年底，已累计遴选七批共计1200家单项冠军企业，其中广东共有133家企业入选（含单项冠军示范企业和单项冠军产品企业）。省工信厅于2022年底组织开展了首批省级制造业单项冠军遴选工作，共有251家企业入围广东首批制造业单项冠军。在新一代电子信息领域，广东共有184家制造业单项冠军企业（含单项冠军示范企业和单项冠军产品），占全省单项冠军企业数量42.3%，其中，67家企业为国家级单项冠军企业，117家为省级单项冠军企业。当前，新一代电子信息领域单项冠军企业已成为解决各类"卡脖子"和瓶颈问题、提升新一代电子信息产业链供应链韧性的中坚力量。

第一节　新一代电子信息领域单项冠军企业总体情况

一、企业覆盖全产业链条

在新一代电子信息领域，广东共有184家制造业单项冠军企业，其中国家级单项冠军企业67家，省级单项冠军企业117家。单项冠军企业长期聚焦新一代电子信息产业发展，多家企业深耕近二十年，在特定细分产品市场积累了多年生产研发经验，确定了行业领先地位。全省184家单项冠军企业从事主营产品领域平均年限为18年，其中，10～20年的企业数为92家，占比50.0%；20年以上的企业数67家，占比36.4%，光华科技、国星光电等企业从事主营产品领域年限更是超过40年。

广东省新一代电子信息领域单项冠军企业分布范围广，在产业链上中下游各个环节均匀布局。产业链上游环节，儒兴科技是全球最大的晶体硅太阳电池背面浆料供应商，晶体硅太阳电池背面电极浆料和晶体硅太阳电池铝浆出货量连续多年位居全球首位；新宙邦是全球领先的电子化学品和功能材料企业，电容器化学品全球市场占有率及国内市场占有率从2012年起就一直位居行业前列。中游环节，潮州三环氧化铝陶瓷基板、电阻器用陶瓷基体等产销量均居全球前列，连续多年名列中国电子元件百强前十名；鹏鼎控股PCB产量连续多年位居全球首位；顺络电子核心产品之一的片式电感目前所占市场份额位列国内第一、全球综合排名前三；天马微电子的LTPS智能手机面板出货量已连续三年保持全球第一。下游环节，大疆创新作为民用无人机行业的龙头企业，占据着全球超50%的民用无人机市场；传音控股手机整体出货量约1.94亿部，同比增长约24.36%；康冠科技2023年智能交互平板出货量全球排名第一。

二、企业高度集中于珠三角地区

广东省新一代电子信息产业分布高度集中，珠三角九市新一代电子信息产业营业收入占全省营业收入95%以上，粤东西北地区的新一代电子信息产业则较为薄弱。全省新一代电子信息领域单项冠军企业也主要聚集在珠三角地区，超八成企业集聚在深圳、广州、东莞、珠海等四地，粤东西北地区企业数量占比仅为6.5%。具体来看，全省单项冠军企业分布于14个地市，广深珠莞四地共聚集了152家单项冠军企业，占比82.6%。深圳入选96家单项冠军企业，数量居全省第一，占比达52.2%。其中，国家级单项冠军企业44家，省级单项冠军42家。广州、东莞、珠海分别以25家、18家、13家企业位居第二至第四位。粤东西北地区仅有1家国家级单项冠军企业和11家省级单项冠军企业（见图11-1）。

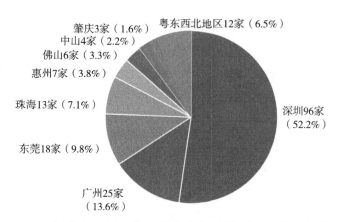

图11-1　2023年广东省新一代电子信息领域单项冠军企业各地分布情况
数据来源：广东省电子信息行业协会整理。

三、上市企业营收规模持续扩大

全省新一代电子信息领域单项冠军企业中共有80家上市企业，占比43.5%。其中有20家单项冠军上市企业2023年营业收入超100亿元，如传音控股营业收入超600亿元，亿纬锂能、欣旺达电子营业收入超400亿元，鹏鼎控股、天马微电子营业收入超300亿元（见图11-2）。

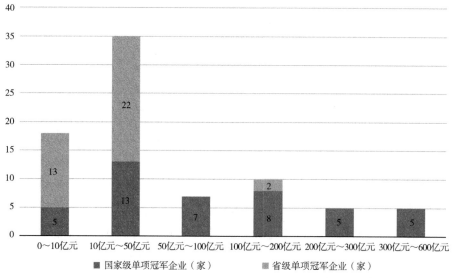

图11-2　2023年广东省新一代电子信息领域单项冠军上市企业营收规模分布情况
数据来源：广东省电子信息行业协会整理。

四、企业创新能力不断增强

广东拥有一批技术创新活跃的单项冠军企业，支撑引领广东新一代电子信息产业的发展。2023年，80家上市单项冠军企业研发投入总额占总营业收入比重达6.1%，高于全省规上工业企业研发投入强度（R&D经费与营业收入之比）。其中汇顶科技、利扬芯片等19家企业研发投入金额占比超10%，汇顶科技2023年研发投入总计13.49亿元，占当年该公司营收比例30.59%。在电子元器件领域，风华高科制备出粒径控制在100nm以内的MLCC用纳米晶介电陶瓷材料和薄介质高容MLCC产品，实现了国产替代。生益科技研究具有自主知识产权的高阶IC封装用高密度互连超薄基材及其关键制造技术，弥补国内企业在此领域的空白，产品性能达到日韩同行水平，突破国外专利技术封锁。在集成电路领域，汇顶科技的屏下指纹传感器采用了活体检测技术，具有高稳定性和可靠性，连续多年市占率全球第一。利扬芯片专注于集成电路测试领域，已累计研发44大类芯片测试解决方案，完成超过5000种芯片型号的量产测试，工艺涵盖3nm、5nm、7nm、16nm等先进制程。在新型显示领域，国星光电全力攻克Micro LED全彩显示技术难题，开发出3.5英寸P0.3 Micro LED全彩显示屏，突破巨量转移和巨量键合双重技术难题；推出全球封装密度最高的Mini LED直显产品IMD-M04，全面引领超高清显示领域快速发展。天马微电子OLED产品性能达到国内领先水平，HTD、折叠、CFOT、MLP等新技术进展顺利，其车载显示模组入选国家第七批制造业单项冠军产品。在锂电池领域，珠海冠宇将高温电池技术成功应用于笔记本电脑锂离子电池，推动了其锂离子电池出货量持续攀升。亿纬锂能作为行业内少数同时掌握消费电池和动力电池核心技术的龙头企业，攻克了多项锂电池核心技术，锂原电池销售额及出口额连续多年稳居国内第一。在通信设备制造领域，海能达全面掌握PDT、TETRA、DMR三大国内外主流专业无线通信数字技术标准，多项提案被欧洲通信标准组织（ETSI）采纳并发布。

五、政策扶持力度不断强化

近年来，广东将培育制造业单项冠军作为"制造业当家"工作的重点任务，通过政策引导、梯度培育、资金扶持、公共服务等手段，加大孵化和培育力度，促进各类要素资源向制造业单项冠军等优质企业集聚。2022年3月出台的《广东省促进工业经济平稳增长行动方案》中明确要加大对单项冠军等优质企业的支持力度，对入选国家级制造业单项冠军企业（产品）给予一次性奖励。同年12月发布了《广东省战略性产业集群重点产业链"链主"企业选选管理办法》，提出建立广东省制造业单项冠军企业库，将获得广东省制造业单项冠军称号的企业纳入省单项冠军企业库管理，在产业空间、工业投资、技术改造、金融服务、土地和人才保障等领域予以重点支持发展。同时，各地市也陆续出台相关政策措施，深圳、中山等地市建立市级单项冠军培育企业遴选机制，构建"市级—省级—国家级"制造业单项冠军培育体系，对获得国家级、市级单项冠军企业、单项冠军培育库企业给予资金奖励；深圳、珠海、佛山等地建立领导挂点联系重点培育企业机制，将单项冠军企业纳入服务及便利直通车服务范围，一对一与企业对接联系，协调解决企业诉求；广州、珠海等地市已初步形成企业梯度培育库，为培育一批具有国际竞争力的制造业单项冠军企业打下良好基础。

第二节　新一代电子信息领域单项冠军重点企业介绍

一、深圳市大疆创新科技有限公司

深圳市大疆创新科技有限公司成立于2006年，总部位于深圳市，现有员工14000余人，是全球领先的无人飞行器控制系统及无人机解决方案的研发商和生产商，客户遍布全球100多个国家。通过持续创新，大疆致力于为无人机工业、行业用户以及专业航拍应用提供性能最强、体验最佳的革命性智能飞控产品和解决方案。成立十余年间，大疆创新的业务从无人机系统拓展至多元化产品体系，在无人机、手持影像系统、机器人教育等多个领域，成为全球领先的品牌，以一流的技术产品重新定义了"中国制造"的内涵，并在更多前沿领域不断革新产品与解决方案。以创新为本，以人才及合作伙伴为根基，思考客户需求并解决问题，大疆创新得到了全球市场的尊重和肯定。

公司在7个国家设有18间分支机构，销售与服务网络覆盖全球一百多个国家和地区，占据全球无人机市场份额超七成。2019年6月，大疆创新入选"2019福布斯中国最具创新力企业榜"；2019年12月，大疆入选2019中国品牌强国盛典榜样100品牌。2020年8月，大疆以1000亿元人民币市值位列"苏州高新区·2020胡润全球独角兽榜"第14。

二、鹏鼎控股（深圳）股份有限公司

鹏鼎控股（深圳）股份有限公司成立于1999年，公司位于深圳市，并于2018年9月18日在深圳证券交易所上市，是主要从事各类印制电路板的设计、研发、制造与销售业务的专业服务公司。鹏鼎控股打造了"效率化、合理化、自动化、无人化"的现代化工厂，成为业内极具影响力的重要厂商之一。公司高度重视研究开发工作，在深圳市设有研发中心，不断加强产学研合作，已与包括清华大学深圳研究生院、北京大学深圳研究生院、中山大学、哈尔滨工业大学（深圳）、深圳大学等大陆知名高校以及台湾工业技术研究院、台北科技大学、成功大学、台湾清华大学、中兴大学及中原大学等多所台湾地区知名学府及研究机构进行研发合作，截至2023年，已获得国内外授权专利数近1099件。根据Prismark2018至2022年以营收计算的全球PCB企业排名，鹏鼎控股2017—2022年连续六年位列全球最大PCB生产企业。2022年8月，入选福布斯发布的2022中国数字经济100强；同月，入选《2022中国品牌500强》榜单，位列262位；2022年9月，入选中国企业联合会、中国企业家协会发布的"中国大企业创新100强"榜单，排名第52位。

三、佛山市国星光电股份有限公司

佛山市国星光电股份有限公司成立于1969年，公司位于佛山市，现有员工约4000人，注册资本6.2亿元，是广东省属国有独资重点企业广晟控股集团的控股上市公司，专业从事研发、生产、销售LED及LED应用产品，是国内第一家以LED为主业首发上市的企业，也是最早生产LED的企业之一。经过五十多年的改革发展，国星光电现已成为广晟控股集团电子信息板块的主力军、我国LED封装行业的龙头企业，在全球LED封装行业占据重要地位，显示器件市场规模名列国内前茅，白光器件市场规模位居高端应用领域国内前列，组件产品为国际知名家电企业的核心战略供货商。作为国家高新技术企业和国家火炬计划重点高新技术企业，承担了国家"863"计划项目、国家火炬计划项目等国家级科研项目20多项，省部级项目80多项，特别是聚焦LED元器件、Mini显示、LED外延及芯片、非视觉光源等产品的研制、生产，狠抓关键核心技术攻坚，着力破解半导体领域"卡脖子"难题，在LED超高清显示、新型光电子器件及应用、第三代功率半导体等领域占据技术主导地位。

四、潮州三环（集团）股份有限公司

潮州三环（集团）股份有限公司成立于1970年，公司位于潮州市，现有员工约2700人，2014年在深交所上市，在中国潮州、深圳、成都、德阳、南充、苏州、武汉、香港和德国、泰国等地均设有公司，主要从事电子元件及其基础材料的研发、生产和销售，主要包括通信部件、半导体部件、电子元件及材料、新材料等的生产和研发。产品覆盖电子电气、新能源、通信、半导体、移动智能终端等众多应用领域。其中，光通信用陶瓷插芯、片式电阻用氧化铝陶瓷基板、半导体陶瓷封装基座等产品产销量均居全球前列，多项产品先后荣获国家优质产品金奖。公司被认定为国家高新技术企业、国家技术创新示范企业、国家企业技术中心、中国制造业单项冠军示范企业，连续多年入选中国电子元件百强企业。2022年，三环集团以市值855亿元入围2021中国上市公司市值500强榜单，位列榜单246名，排名上升45位。

五、广东光华科技股份有限公司

广东光华科技股份有限公司成立于1980年，公司位于汕头市，现有员工1450人，是先进的专业电子化学品服务商。公司以高性能电子化学品、高品质化学试剂与产线专用化学品、新能源材料和退役动力电池梯次利用及再生利用为主导，同时提供其他专业化学品的定制开发及技术服务。光华科技实力雄厚，先后获得"国家高新技术企业""国家技术创新示范企业""国家重点新产品""国家知识产权优势企业"等一系列荣誉和称号。拥有一支以教授、博士和硕士为骨干的研发团队，公司获"国家企业技术中心"认证，已组建了"院士工作站""博士后科研工作站""广东省省级企业技术中心"和"广东省化学试剂工程技术研究开发中心"等创新平台，形成了完善的研发体系。公司连续13年荣获CPCA中国电子电路行业专用化学品主要企业榜单第一名。

第十二章
广东省新一代电子信息领域
专精特新企业情况

摘　要： 专精特新企业是行业细分领域的"单打冠军"和"配套专家"，是提升产业链供应链稳定性和竞争力的重要力量。习近平总书记在致信祝贺2022年全国专精特新中小企业发展大会召开时强调："希望专精特新中小企业聚焦主业，精耕细作，在提升产业链供应链稳定性、推动经济社会发展中发挥更加重要的作用。"广东省委、省政府高度重视中小企业尤其是专精特新企业发展，围绕制造业当家和现代化产业体系建设工作部署，通过政策引领、服务创新、营商环境保障等，出台了一系列支持企业专精特新发展的有效措施，建立完善专精特新企业培育体系，全省上下形成了促进中小企业专精特新发展良好氛围。广东省是电子信息产业大省，规模占据全国的三分之一，近年来持续在政策环境、产业链协同、创新研发、企业培育等多方面发力，新一代电子信息领域专精特新企业数量增多，带动作用逐渐增大，有效提升了新一代电子信息产业抗击风险的能力，成为电子信息运行大幅波动时的压舱石。

第一节　新一代电子信息领域专精特新企业总体情况

目前，广东省培育、激发涌现了一大批电子信息专精特新中小企业，在推动电子信息产业高质量发展、激发创新活力、稳定产业链供应链等方面发挥了重要作用。总体来看，广东省电子信息领域的专精特新企业具有总量快速增长、补链强链作用突出、创新能力强、市场占有率高等特点。

一、培育基础壮大，体量持续膨胀

近年来，我国大力推进中小企业特别是专精特新"小巨人"企业培育，在中央到地方的一系列政策推动下，专精特新"小巨人"企业总量快速增加。自工信部2019年启动专精特新"小巨人"企业培育工作以来，工信部已经公示了五批共12950家专精特新"小巨人"企业，实际认定了12744家，已达到《"十四五"促进中小企业发展规划》提出的一万家专精特新"小巨人"企业的目标数量。广东省累计培育1525家专精特新"小巨人"企业，数量位居全国第二位。其中电子信息领域有616家，占全省累计培育专精特新"小巨人"企业总数的40.39%。其中第五批电子信息专精特新"小巨人"企业数量（287家）超过第三批入选数（205家）82家，新增专精特新"小巨人"企业呈现井喷态势，培育基础壮大，总量快速增长，优质中小企业梯度培育体系进一步夯实（见图12-1）。

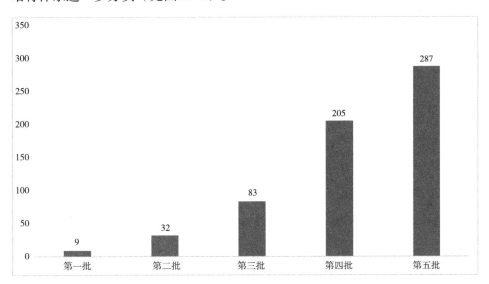

图12-1　广东省新一代电子信息领域专精特新"小巨人"企业各批次入选情况
数据来源：广东省电子信息行业协会整理。

二、产业集聚度高，发挥补链强链作用

广东电子信息专精特新"小巨人"企业主要为电子材料、集成电路、关键元器件等新一代电子信息产业"补短板""锻长板"的关键产业链进行配套，90%以上电子信息专精特新"小巨人"企业直接配套华为、OPPO等国内外知名大企业或属于产业链"补短板""填空白"领域，95%的企业产品属于《工业"六基"发展目录》关键基础领域，在特定细分产品市场积累了多年生产研发经验，在细分行业处于国内外领先地位，对广东省新一代电子信息产业链供应链安全稳定起到重要支撑作用。例如华特气体的电子特气产品在高端半导体材料领域取得应用突破，已实现对国内8寸、12寸集成电路制造厂商超过80%的客户覆盖率，解决了中芯国际、长江存储等国内半导体厂商气体材料的进口制约，同时进入了英特尔、美光科技等全球领先半导体企业的供应链体系，是国内唯一同时通过荷兰阿斯麦、日本GIGAPHOTON认证的气体公司，其锗烷更是打进了三星5nm芯片生产线。珠海纳睿雷达的X波段双极化（双偏振）有源相控阵天气雷达系统，被中国雷达行业协会鉴定为"国际先进技术水平"，在雷达装备领域填补国际空白，弥补行业短板。慧智微具备全套射频芯片设计能力和集成化模组研发能力，自主打造的可重构射频前端架构突破了国际巨头的专利壁垒，其4G模组和5G模组产品已成功进入三星、OPPO、vivo、荣耀等国内外智能手机品牌机型和闻泰科技、华勤通讯和龙旗科技等一线移动终端设备ODM厂商。

三、企业高度集中，突出珠三角引领带动作用

广东电子信息专精特新"小巨人"企业分布高度集中，有611家聚集在珠三角地区，占全省电子信息领域专精特新"小巨人"企业总数的99.19%，而粤东粤西粤北地区仅有5家国家级专精特新"小巨人"企业。其中深圳电子信息专精特新企业数"小巨人"企业在数量上实现领跑，达394家，占全省总数的63.96%，位居全省第1位，集中分布在电子元器件、通信设备制造业、集成电路等领域。广州持续加大专精特新"小巨人"企业培育，从政策创新、专业扶持、创新赋能、服务保障四个方面持续发力，企业数量持续增长，目前广州电子信息领域中有71家，占全省的11.53%，位居全省第2位。东莞通过

持续推动制造业骨干企业发展壮大，已累计培育58家国家级电子信息专精特新"小巨人"企业，包括天域半导体、中图半导体等，主要集中在半导体材料、新能源与元器件等领域。珠海持续实施专精特新中小企业培育工程，电子信息领域的国家级专精特新"小巨人"企业达29家，位居全省第4位，覆盖电子材料、光纤通信和集成电路设计等多个领域。惠州建立健全以"链主"企业、"单项冠军"企业、专精特新企业等为代表的优质企业梯次培育发展体系，一大批竞争力强、高成长的专精特新中小企业脱颖而出，累计培育出20家国家级专精特新电子企业，位居全省第5位。此外，佛山有18家，中山有10家，肇庆有8家，汕头、韶关、汕尾、湛江和清远五市各有1家。

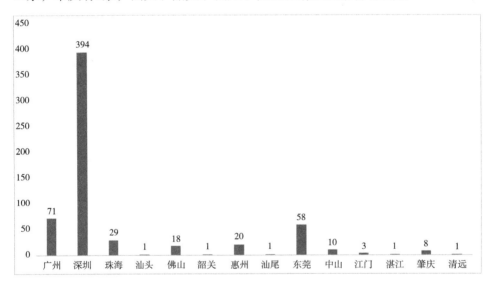

图12-2　2023年广东省新一代电子信息领域专精特新"小巨人"企业各地分布情况
数据来源：广东省电子信息行业协会整理。

四、创新能力强，成果转化好

广东电子信息领域的专精特新企业专注细分市场，对研发的重视程度高、研发强度大、研发机构多，推动行业技术水平大幅提升。截至2023年，广东省电子信息制造领域的专精特新"小巨人"企业主导产品平均细分市场占有率达27.56%，其中有47家企业细分市场占比超过80%，处于市场龙头地位。超过80%专精特新"小巨人"主要产品生产标准达到国际先进水平，有力推动了行业技术标准水平的整体提高。例如优力普将PoE交换机100Mbps和10Mbps的供电距离由国际标准的100米和300米，提升到300米和800米，大幅超越国际标准。中镓半导体作为国内首家专业研发、生产氮化镓衬底材料的企业，使用乙烯气源制备出了世界最高电阻率的半绝缘GaN自支撑衬底。德方纳米的"自热蒸发液相合成法"生产纳米磷酸铁锂，拥有自主知识产权，研发的补锂添加剂材料和磷酸锰铁锂系正极材料均已通过下游客户的批量验证，其中11万吨磷酸锰铁锂系正极材料已经投产，产业化进程行业领先，是磷酸铁锂行业的龙头企业。

五、政策扶持力度加码，培育力度大

近年来，广东省高度重视专精特新企业培育工作，通过政策引导、梯度培育、资金扶持、公共服务等手段，加大孵化和培育力度，促进各类要素资源向专精特新等优质企业集聚。2020年，广东省工信厅出台《"专精特新"中小企业遴选办法》，启动广东省专精特新中小企业认定工作，臻选一批主营业务和发展方向重点符合国家产业政策及相关要求，专业化、精细化、特色化、新颖化特征明显，创新能力强、发展速度快、运行质量高、融资能力强、经济效益好的中小企业培育。2022年上半年，广东又出台了"助企25条""稳工业32条"等一系列政策措施，实施减税降费、企业提质增效、产业链供应链韧性提升等行动，引导企业向专精特新发展。2022年8月，广东省工信厅发布《广东省优质中小企业梯度培育管理实施细则（试行）》明确了优质中小企业由创新型中小企业、专精特新中小企业、专精特新"小巨人"企业3个层次、梯度衔接组成。2023年10月，广东省工信厅印发《广东省关于推动专精特新企业高质量发展的指导意见》，将从强化梯度培育机制、提升技术创新能力、促进数字化转型、绿色化发展、加强质量标准和品牌建设、畅通资金融通渠道、加大财政扶持力度、强化人才支撑、灵活解决土地需求、助力市场开拓、强化服务支持等11个方面，进一步加大广东省专精特新企业培育力度，引导专精特新企业高质量发展，进一步夯实优质中小企业培育基础。在融资方面，2022年4月，省工信厅与中国银行广东省分行开展支持专精特新企业融资服务行动计划。同年5月，专精特新企业政银合作的银行又扩容至中国建设银行广东省分行。这两次政银合作为全省专精特新企业量

身打造一系列融资服务产品，并将分别带来总授信额度1000亿元、2000亿元的融资支持。在各方合力下，广东构建优质企业梯度培育体系的步伐正在加快，计划到2027年，培育超2000家专精特新"小巨人"企业和20000家左右专精特新中小企业，力争推动150家专精特新企业上市。

第二节　新一代电子信息领域专精特新重点企业介绍

一、深圳市紫光同创电子有限公司

深圳市紫光同创电子有限公司成立于2013年，公司位于深圳市，员工总人数超过800人，是专业从事可编程系统平台芯片及其配套EDA开发工具的研发，致力于提供完善的、具有自主知识产权的可编程逻辑器件平台和系统解决方案。公司总投资超过40亿元，是国家高新技术企业，拥有高中低端全系列产品，产品覆盖通信、工业控制、图像视频、消费电子等应用领域。拥有北京、上海、成都等研发中心；知识产权申请超过500项、核心知识产权申请占比近80%。其FPGA产品覆盖4大家族，高中低端7个系列，约50个量产型号，在国产FPGA厂商中，研发实力较强，是中国FPGA民用行业的领军企业，占中国FPGA市场总额的4%。紫光同创于2022年推出的28nm工艺FPGA芯片，已经能支持13.125Gbps的SerDes以及1866Mbps的DDR4，逻辑单元也高达390k。

二、东莞市中镓半导体科技有限公司

东莞市中镓半导体科技有限公司成立于2009年，公司位于东莞市，现有员工87人，总注册资本为1.3亿元人民币，总部设立厂房办公区等共17000多平方米，并在北京设立面积达1000平方米的大型研发中心，为中国国内专业生产氮化镓（GaN）衬底材料的企业。公司以北京大学宽禁带半导体研究中心为技术依托，引进国内外优秀的技术及管理团队，2010年获建博士后工作站，有院士1人，教授级别人员共1人，博士9人，硕士27人。公司创造性

采用MOCVD技术、HVPE技术相结合的方法，研发、生产产品包括：氮化镓（GaN）半导体衬底材料，GaN单晶衬底及氢化物气相外延设备（HVPE）等，激光器、功率器件、射频器件。公司已建成国内专业的氮化镓（GaN）衬底材料生产线，制备出厚度达1100微米的自支撑GaN衬底，并能够稳定生产。相关产品技术达到国际先进乃至国际领先水平，形成世界一流的国内最大型的衬底材料及半导体设备的生产基地。

三、广州慧智微电子股份有限公司

广州慧智微电子股份有限公司成立于2011年，公司位于广州市，现有员工304人，是一家为智能手机、物联网等领域提供射频前端芯片的设计公司，主营业务为射频前端芯片及模组的研发、设计和销售。慧智微具备全套射频前端芯片设计能力和集成化模组研发能力，技术体系以功率放大器（PA）的设计能力为核心，兼具低噪声放大器（LNA）、射频开关（Switch）、集成无源器件滤波器（IPD Filter）等射频器件的设计能力，产品系列覆盖的通信频段需求包括2G、3G、4G、3GHz以下的5G重耕频段、3GHz～6GHz的5G新频段等，可为全球客户提供无线通信射频前端发射模组、接收模组等服务，慧智微领先的5G产品应用于三星、OPPO、vivo、荣耀等业内知名智能手机品牌机型，并进入闻泰科技、华勤通讯等一线移动终端设备ODM厂商和移远通信、广和通、日海智能等头部无线通信模组厂商。

四、宝德计算机系统股份有限公司

宝德计算机系统股份有限公司成立于2003年，公司位于深圳市。是以服务器和PC整机的研发、生产、销售及提供相关的综合解决方案为主营业务的国家级高新技术企业和国家专精特新"小巨人"企业，致力于成为中国领先的计算产品方案提供商，为政府、互联网、教育、金融、电力、交通、医疗、运营商、安平等行业客户持续提供先进的算力产品、解决方案和全栈服务。多年来，凭借不断创新的产品技术和独特的软硬件综合实力，宝德计算勇夺信创市场NO.1，稳居X86服务器国内品牌TOP5和全球TOP9、中国AI服务器NO.3。宝德拥有敏锐的市场洞察力和雄厚的技术实力，曾多次填补国内服务器技术空白，引领服务器先进技术发展方向。宝德拥有从板卡到整机系统的完全自主研发和灵活定制能力，并且坚持Level 0–Level 9算力产业链的自主研发，是国内最早从事自主安全产品研发的厂商之一，并且在独到的加固、保密和安全等产品技术领域有深厚的积累。宝德计算已经完成了X86产品线、自强产品线、特种领域产品线、产品和行业综合解决方案等完善的算力布局，拥有服务器、存储、台式机、工控机、IOT、网络、大终端等产品和解决方案，赋能AI、云计算、大数据、5G、区块链、元宇宙等新兴技术创新和应用，为新基建、信创、东数西算、社会经济的数字化和智能化转型升级提供坚实的算力底座。

五、深圳市广和通无线股份有限公司

深圳市广和通无线股份有限公司成立于1999年，公司位于深圳市，拥有全球1000多名员工，产品及服务遍及100多个国家，是中国首家上市的无线通信模组企业。作为全球领先的无线通信模组和解决方案提供商，广和通提供融合无线通信模组和物联网应用解决方案的一站式服务，致力于将可靠、便捷、安全、智能的无线通信方案普及至每一个物联网场景，为用户带来完美无线体验、丰富智慧生活。广和通产品种类覆盖蜂窝模组（5G/4G/3G/2G/LPWA）、车规级模组、AI模组、安卓智能模组、GNSS模组及天线产品，助力云办公、移动宽带、智慧交通、智慧零售、智能机器人、智慧安防、智慧能源、智慧工业、智慧家居、远程医疗、智慧农业、智慧城市等行业数字化转型。

政策篇4

第十三章
2023年新一代电子信息产业重点政策解析

一、《电子信息制造业2023—2024年稳增长行动方案》

（一）政策编制背景

电子信息产业是国民经济的战略性、基础性和先导性支柱产业，渗透性强、带动作用大，也是一个国家和地区核心竞争力的重要体现。近年来受国际地缘局势紧张、欧美地区经济高通胀、全球疫情、美国对我国科技企业无理打压等因素影响，消费电子市场需求明显收缩，电子信息增速变缓，对工业支撑作用有所减弱，特别是随着传统产业转型升级遇到瓶颈，近两年电子信息产业增长乏力，对经济增长拉动减弱，库存倍增。2017年至2022年，电子信息制造业工业增加值增速从13.8%下降至7.6%。2022年，我国电子信息制造业实现营业收入15.4万亿元，同比增长5.5%，较1—11月份回落1.5个百分点；实现利润总额7390亿元，同比下降13.1%，较1—11月份回落8.9个百分点；营业收入利润率为4.8%，与1—11月份基本持平；规模以上电子信息制造业实现出口交货值同比增长1.8%，增速较1—11月份回落1.7个百分点。

在此背景下，为贯彻落实党的二十大和中央经济工作会议精神，更好发挥电子信息制造业在工业行业中的支撑、引领、赋能作用，助力实现工业经济发展主要预期目标，2023年8月，工业和信息化部制定了《电子信息制造业2023—2024年稳增长行动方案》（以下简称"《方案》"），对2023—2024年电子设备制造业以及锂离子电池、光伏及元器件制造等相关领域做出工作部署。

（二）我国电子信息制造业发展总体情况

电子信息制造业规模总量大、产业链条长、涉及领域广，是稳定工业经济增长的重要领域。2023年以来，我国电子信息制造业整体呈现持续恢复、结构向优的发展态势，规模以上电子信息制造业实现营业收入15.1万亿元，实现利润总额6411亿元。其中东部地区实现营业收入102827亿元，同比下降1.2%；中部地区实现营业收入25331亿元，同比下降1.5%；西部地区实现营业收入21903亿元，同比下降3.3%；东北地区实现营业收入1007亿元，同比增加9.0%，四个地区电子信息制造业营业收入占全国比重分别为68.1%、16.8%、14.5%和0.7%。

（三）政策主要内容

《方案》提出2023—2024年计算机、通信和其他电子设备制造业增加值平均增速5%左右，电子信息制造业规模以上企业营业收入突破24万亿元。2024年，我国手机市场5G手机出货量占比超过85%，75英寸及以上彩色电视机市场份额超过25%，太阳能电池产量超过450吉瓦，高端产品供给能力进一步提升，新增长点不断涌现；产业结构持续优化，产业集群建设不断推进，形成上下游贯通发展、协同互促的良好局面。

《方案》指出，促进传统领域消费升级，依托技术和产品形态创新提振手机、电脑、电视等传统电子消费；推动手机品牌高端化升级，培育壮大折叠屏手机产业生态，从优化成本、改善技术、加大适配等角度促进折叠屏手机生态成熟。

《方案》提出，在虚拟现实、视听产业、先进计算等六个领域培育壮大新增长点。具体来看，在虚拟现实领域，推动虚拟现实智能终端产品不断丰富。深化虚拟现实与工业生产、文化旅游、融合媒体等行业领域有机融合。视听产业方面，推动先进计算产业发展和行业应用；鼓励加大数据基础设施和人工智能基础设施建设，满足人工智能、大模型应用需求。北斗应用方面，打造大众消费领域北斗应用示范场景，提高北斗应用普及率，推动北斗产业化、市场化、规模化发展。新型显示领域，面向新型智能终端、文化、旅游、景观、商显等领域，推动AMOLED、Micro-LED、3D显示、激光显示等扩大应用，支持液晶面板、电子纸等加快无纸化替代应用。智能光伏领域，推动"智能光伏+储能"在工业、农业、建筑、交通及新能源汽车等领域创新应用。

《方案》提出，要支持重点项目建设，充分调动各类基金和社会资本积极性，进一步拓展有效投资空间，有序推动集成电路、新型显示、通信设备、智能硬件、锂离子电池等重点领域重大项目开工建设。鼓励企业开展逆周期投资，支持企业加快产线技术改造升级力度，提升中高端产品比重。促进绿色制造和智能化升级，面向碳达峰碳中和，推动光伏产业智能转型升级，支持智能光伏关键技术突破、产品创新应用、公共服务平台建设；推动LED产业升级发展，促进健康照明产品等扩大应用。

《方案》提出，要引导电子整机行业优化出口产品结构，提升高附加值产品出口比例，打造品牌国际竞争力。引导企业抓住数字贸易机遇，持续推动出口企业开展跨境电商业务，深挖线上线下国际市场潜力。助力企业用足出口退税政策，提高进出境物流效率，推动物流要素高效整合。同时，持续优化外资营商环境，鼓励外资企业在我国扩大电子信息领域投资。贯彻落实"一带一路"倡议，利用光伏、锂电等产业外向型发展优势和全球能源革命机遇，推动国际产能和应用合作进程。

《方案》指出，要提升创新发展水平，加快信息技术领域关键核心技术创新和迭代应用，加强Micro-LED、印刷显示等前瞻性产业布局。面向个人计算、新型显示、VR/AR、5G通信、智能网联汽车等重点领域，推动电子材料、电子专用设备和电子测量仪器技术攻关。加快太阳能光伏、新型储能产品、重点终端应用、关键信息技术融合创新发展。落实集成电路企业增值税加计抵减政策，协调解决企业在享受优惠政策中的问题。面向数字经济等发展需求，优化集成电路、新型显示等产业布局并提升高端供给水平，增强材料、设备及零配件等配套能力。统筹资源加大锂电、钠电、储能等产业支持力度。聚焦集成电路、新型显示、服务器、光伏等领域，推动短板产业补链、优势产业延链、传统产业升链、新兴产业建链。支持龙头企业做大做强，持续发挥引领支撑效应。围绕产业上下游及存在共性技术的相关领域，培育和吸引一批专注细分市场、丰富产业链体系的优势企业。同时，发挥"链主"企业作用，优化产业链资源配置，培育一批有国际竞争力的先进制造业集群。鼓励产业优化重组，合理开展企业并购重组、海外并购等，推动市场有序竞争。

此外，《方案》明确提出要加大财政金融支持力度，落实高新技术企业税收优惠、研发费用加计扣除、股权奖励递延纳税等政策。引导社会资本加大对电子信息制造业投入，支持符合条件的企业用好在境内外上市融资、发行各类债券等融资工具。推动各地高质量建设区域性股权市场专精特新专板，提升多层次资本市场服务专精特新中小企业水平。

（四）政策效果分析

《方案》坚持问题导向、目标引领，为助推电子信息产业高质量发展，支撑传统行业数字化转型升级提供了坚实的制度保障。《方案》出台后，我国电子信息制造业生产恢复向好，出口降幅收窄，效益逐步恢复，投资平稳增长，多区域营收降幅收窄。其中规模以上电子信息制造业增加值2023年同比增长3.4%，比高技术制造业高0.7个百分点；规模以上电子信息制造业出口交货值同比下降6.3%，比同期工业降幅深2.4个百分点；规模以上电子信息制造业实现营业收入15.1万亿元，同比下降1.5%，较上年同期收窄；营业成本13.1万亿元，同比下降1.4%；实现利润总额6411亿元，同比下降8.6%。

二、《关于加快推进视听电子产业高质量发展的指导意见》

（一）政策编制背景

视听电子是音视频生产、呈现和应用相关技术、产品和服务的总称，是推动经济社会数字化转型的重要工具和实现人民群众美好生活的重要载体，也是推动供给侧结构性改革、扩大内需的主力军。作为电子信息制造业的重点领域，我国视听电子产业在产量和市场方面已占据全球主导地位，主营业务收入约占电子信息制造业的三成。当前，我国视听电子产业和消费者的需求难以匹配，存在消费堵点卡点尚未破除、技术创新基础不牢等突出问题。因此，大力提升高水平视听系统供给能力，形成需求牵引供给、供给创造需求的高水平动态平衡，对培育我国数字经济发展新空间，实现视听电子产业高质量发展具有重要意义。为此，2023年12月，工业和信息化部、教育部、商务部、文化和旅游部、国家广播电视总局、国家知识产权局、中央广播电视总台等七部门联合印发了《关于加快推进视听电子产业高质量发展的指导意见》（以下简称"《指导意见》"）。

（二）我国视听行业发展总体情况

视听电子产业是指涉及视听产品的制造、开发和销售的产业，包括电视、音响、耳机、摄像机、显示屏等相关产品。从2019年到2023年，我国视听产业发展取得诸多成就。2019—2023年，中国彩色电视机累计产量达到96039.7万台，复合年增长率为0.5%，其中2023年中国彩色电视机产量为19339.6万台，产量占全球70%以上，内销量占到全球销量的25%以上，出口量可以满足海外需求的75%以上。

（三）政策主要内容

《指导意见》从技术创新、市场、企业主体、生态等方面提出了产业发展的中长期目标。到2027年，我国视听电子产业国际竞争力显著增强，基本形成创新能力优、产业韧性强、开放程度高、品牌影响大的现代化视听电子产业体系，培育若干千亿级细分新市场；到2030年，我国视听电子产业整体实力进入全球前列，技术创新达到国际先进水平，产业基础高级化、产业链现代化水平明显提高，把握产业生态主导权，形成需求牵引供给、供给创造需求的更高水平动态平衡发展局面，构建现代化视听电子产业体系。

《指导意见》提出，推动视听电子产业高质量发展，重点在提升高水平视听系统供给能力、打造现代视听电子产业体系、开展视听内循环畅通行动、提升产业国际化发展水平等四大方面。

（1）提升高水平视听系统供给能力。《指导意见》部署发展智慧生活视听系统、智慧商用显示系统、沉浸车载视听系统、高品质音视频制播系统、教育与会议视听系统、智能音视频采集系统、数字舞台和智慧文博视听系统、近眼显示和激光显示系统等八类新型视听系统。一是要发展智慧生活视听系统，二是发展智慧商用显示系统，三是发展沉浸车载视听系统，四是发展高品质音视频制播系统，五是发展教育与会议视听系统，六是发展智能音视频采集系统，七是发展数字舞台和智慧文博视听系统，八是发展近眼显示和激光显示系统。

（2）打造现代视听电子产业体系。《指导意见》提出了加快突破视听电子核心元器件、音视频专用技术短板，培育壮大优质企业，优化产业链供应链结构、激发产业链供应链融通提质发展的内生动力，引导产业有序布局、打造各具特色的视听产业集群等四项关键任务。

（3）开展视听内循环畅通行动。《指导意见》提出了实施4K/8K超高清入户行动、优化电视收视体验行动、视听电子应用场景育新行动、视听电子品牌点亮行动、视听电子促消费行动等五项具体行动。

（4）提升产业国际化发展水平。《指导意见》提出了深化国际交流合作、加强视听电子各领域的国际交流对话，加快高水平对外开放、构建更大范围、更宽领域、更深层次的对外开放新格局，稳定扩大视听电子产品进出口规模。

此外，《指导意见》的落地实施，需要各部门、各级政府的统筹协调，共同营造良好的市场环境、激发各类市场主体活力。《指导意见》提出了八方面的保障措施。

（四）政策效果分析

《指导意见》的出台将为行业提供更广阔的发展空间和更多的政策支持，将进一步加快商用显示产业向价值链中高端延伸，构建产业发展新空间，引导智慧显示产业健康、高质量发展。同时，企业可以借此机会加强技术创新和产品研发，提高产品质量和服务水平，拓展国内外市场，实现高质量发展。目前，视听电子产业的范围不断拓展，正成为打造数字经济新优势的引擎。同时，以超高清视频、虚拟现实等为代表的视听电子产业对传统产业进行全方位、全角度、全链条改造的同时，还提高了全要素生产率，释放数字技术对经济发展的放大、叠加、倍增作用。据赛迪研究院测算，2022年我国视听电子产业规模约5.68万亿元；到2026年，视听电子产业规模增速将与工业增加值增速持平。

三、《关于推动能源电子产业发展的指导意见》

（一）政策编制背景

电子信息和能源都是工业的粮食，都是国民经济的命脉所在，都是真正的"国之大者"。能源电子产业是电子信息技术和新能源需求融合创新产生并快速发展的新兴产业，是生产能源、服务能源、应用能源的电子信息技术及产品的总称，主要包括太阳能光伏、新型储能电池、重点终端应用、关键信息技术及产品（统称"光储端信"）等领域。随着全球加快应对气候变化，"能源消费电力化、电力生产低碳化、生产消费信息化"正加速演进。能源电子既是实施制造强国和网络强国战略的重要内容，也是新能源生产、存储和利用的物质基础，更是实现碳达峰碳中和目标的中坚力量。为推动能源电子产业发展，从供给侧入手、在制造端发力、以硬科技为导向、以产业化为目标，助力实现碳达峰碳中和，工业和信息化部、教育部、科学技术部、中国人民银行、中国银行保险监督管理委员会、国家能源局联合发布于2023年1月出台了《关于推动能源电子产业发展的指导意见》（以下简称"《指导意见》"）

（二）我国能源电子行业发展总体情况

能源电子行业主要包括太阳能光伏、新型储能电池、重点终端应用、关键信息技术及产品等领域。我国在光伏、新型储能电池等多个能源电子领域优势明显，能源电子产业在全球具有强大竞争力。在太阳能光伏领域，我国处于绝对领先地位，2023年行业总产值超过1.75万亿元，多晶硅、硅片、组件等产品产能分别占全球比93%、97.9%和80%以上，光伏产品的全球市场占有率已超过80%，光伏新增装机规模达216.88吉瓦，同比增长148.1%。在新型储能电池领域，2023年，中国企业储能电池出货量为203.8GWh，占全球储能电池出货量的90.9%，多个300兆瓦等级压缩空气储能项目、100兆瓦等级液流电池储能项目、兆瓦级飞轮储能项目开工建设，重力储能、液态空气储能、二氧化碳储能等新技术落地实施，总体呈现多元化发展态势。截至2023年底，已投运锂离子电池储能占比97.4%，铅炭电池储能占比0.5%，压缩空气储能占比0.5%，液流电池储能占比0.4%，其他新型储能技术占比1.2%。国际能源署预计，2024年，中国光伏、新型储能产业链各环节将继续主导全球产能存量与增量，占比有望进一步提升。

（三）政策主要内容

《指导意见》提出发展目标，到2025年，产业技术创新取得突破，产业基础高级化、产业链现代化水平明显提高，产业生态体系基本建立。到2030年，能源电子产业综合实力持续提升，形成与国内外新能源需求相适应的产业规模。能源电子产业成为推动实现碳达峰碳中和的关键力量。

为统筹推动现代信息和能源技术、光伏和储能等深度融合，《指导意见》旨在依托我国光伏、锂离子电池等产业竞争优势，从供给侧入手、在制造端发力、以硬科技为导向、以产业化为目标，加快推动能源电子各领域技术突破和产品供给能力提升。结合产业发展现状和基础，《指导意见》提出六大重点任务：一是从加强供需两端统筹协调、促进全产业链协同发展、健全技术创新支撑体系等方面深入推动能源电子全产业链协同和融合发展；二是从发展先进高效的光伏产品及技术、开发安全经济的新型储能产品等方面提升供给能力；三是从推动先进产品及技术示范、支持重点领域融合发展、加大新兴领域应用推广等方面支持重点终端市场应用；四是从发展面向新能源的关键信息技术、促进智能制造和运维管理等方面推动关键信息技术发展和创新应用；五是从加强公共服务平台建设、健全产业标准体系、加强行业规范管理、做好安全风险防范等方面推动产业健康有序发展；六是从加快国际合作步伐、深化全球产业链布局等方面着力提升产业国际化发展水平。

同时，《指导意见》还提出了三大专项行动，分别侧重发挥太阳能光伏作为新能源生产主力军、新型储能产品作为新能源系统压舱石、关键信息技术作为新能源前进发动机的作用。一是太阳能光伏产品及技术供给能力提升行动。提出晶硅电池、薄膜电池、光伏材料和设备、智能组件及逆变器、系统和运维的具体发展方向。二是新型储能产品及技术供给能力提升行动。提出锂离子电池、锂电材料及装备、钠离子电池、液流电池、氢储能/燃料电池、超级电容器、其他新型储能技术及产品、电池系统集成、检测评价和回收利用、储能系统智能预警安防的具体发展方向。三是能源电子关键信息技术产品供给能力提升行动。提出光电子器件、功率半导体器件、敏感元件及传感类器件、发光二极管、先进计算及系统、数据监测与运行分析系统的具体发展方向。

此外，《指导意见》提出从加强产业统筹协调、积极加大政策扶持、优化完善市场环境和全面加强人才培养四个方面来强化组织保障措施。

（四）政策效果分析

《指导意见》作为国内首部针对能源电子产业的官方指导文件，立足于时代背景和产业发展趋势，极具创新性和前瞻性，界定了能源电子产业的内涵和外延，内容覆盖广泛、全面，有助于推动行业形成共识，为产业未来的发展指明了方向。《指导意见》不仅可以系统化、精准化地引导相关企业针对能源智能化需求开展业务，对市场对接起到积极推动作用，同时，也为能源产业的智能化发展提供技术创新的产品资源，实现能源电子技术及产品在工业、通信、能源、交通、建筑、农业等更多场景下的广泛应用，助力我国能源电子产业高质量发展。

四、《广东省发展新一代电子信息战略性支柱产业集群行动计划（2021—2025年）》

（一）政策编制背景

电子信息制造业是国民经济的战略性、基础性、先导性产业，规模总量大、产业链条长、涉及领域广，是稳定工业经济增长、维护国家政治经济安全的重要领域。党的十八大以来，以习近平同志为核心的党中央高度重视电子信息产业发展，总书记指出，光电子信息产业是应用广泛的战略高技术产业，也是我国有条件率先实现突破的高技术产业，要不断延伸创新链、完善产业链。2023年4月10日至13日，习近平总书记亲临广东视察，调研了乐金显示广州制造基地、广汽研究院等企业，强调"要重视实体经济，走自力更生之路。关键核心技术要立足自主研发，也欢迎国际合作""进一步提升自主创新能力，努力在突破关键核心技术难题上取得更大进展"[①]，充分体现了总书记对电子信息产业发展的高度重视，为我们奋进新征程提供了根本遵循。

为贯彻省委、省政府关于推进制造强省建设的工作部署，2020年9月省工业和信息化厅会同省发展改革委、科技厅、商务厅、市场监管局、通信管理局联合印发了《广东省发展新一代电子信息战略性支柱产业集群行动计划（2021—2025年）》，加快发展新一代电子信息战略性支柱产业集群。2023年，按照省委、省政府关于坚持制造业当家、推进新型工业化高质量建设制造强省等工作要求，依据省委、省政府《关于高质量建设制造强省的意见》（粤发〔2023〕7号）等文件精神，结合广东新一代电子信息产业集群发展情况，对《广东省发展新一代电子信息战略性支柱产业集群行动计划（2021—2025年）》相关内容进行了修订，在充分征求各地级以上市政府、省有关部门以及相关行业协会等单位的意见基础上，形成了《广东省发展新一代电子信息战略性支柱产业集群行动计划（2023—2025年）》（以下简称"《行动计划》"），以使政策文件更好地适应新形势新要求，促进新一代电子信息产业集群不断发展壮大。省工业和信息化厅联合省发展改革委、科技厅、商务厅、市场监管局、通信管理局于2023年12月印发实施《行动计划》。

---

① 2023年4月12日，习近平总书记在广汽研究院调研时的讲话。

（二）广东省新一代电子信息产业集群发展总体情况

本产业集群包含国民经济行业分类中的计算机制造、通信设备制造、广播电视设备制造、雷达及配套设备制造、非专业视听设备制造、智能消费设备制造、电子器件制造、电子元件及电子专用材料制造、其他电子元件制造9项中类36项小类。电子信息产业是我省的支柱产业，2023年，全省电子信息制造业营业收入4.71万亿元，占全省工业营业收入26%，连续33年居全国第一。广东省电子信息产业以珠江东岸电子信息产业带为集聚区，在智能终端、信息通信、集成电路设计等领域具有良好产业基础，5G手机、通信设备、计算机整机等产品产量居全国前列。

（三）政策主要内容

《行动计划》提出，到2025年，将广东建设成为全球新一代通信设备、新型网络、手机及新型智能终端、半导体元器件、新一代信息技术创新应用产业集聚区。

1. 《行动计划》提出要实施六大重点任务

（1）构建产业发展新格局。以粤港澳大湾区建设为契机，做强珠江东岸高端电子信息产业带，带动沿海经济带东西两翼和北部生态发展区协同发展。

（2）发展核心技术和重点产品。鼓励龙头企业、研发机构和高等院校加快突破关键核心技术、先进基础工艺，着重解决"缺芯少核"问题；支持发展硅能源、储能电池产业；鼓励智能终端产业链技术交流和产业协作，加快触控、体感、传感等关键技术联合攻关，提升终端智能化水平。

（3）培育具有核心竞争力的企业集群。支持骨干企业开展强强联合、上下游整合等多种形式的产业合作；支持龙头企业与境外技术先进企业、高校、研究机构建立战略联盟；积极引进重点企业和重大项目落户；培育具有创新引领作用的"链主"企业、专精特新"小巨人"企业、"单项冠军"企业，支持上下游成长型企业发展。

（4）构建科技创新型平台。支持龙头企业和研发机构牵头建设国家级和省级重大创新平台，承担产业链关键共性技术研发；依托行业组织和产业联盟，提供技术研发、成果转化、标准制定、产品检测、人才服务和品牌推广等专业服务。

（5）推动建立完善产业生态。建设新一代信息基础设施，加快千兆光网城市建设；围绕珠三角区域打造连接粤港澳的世界级无线城市群；引入"揭榜挂帅"机制，发挥广东省智能终端市场优势，开展芯片设计企业与终端应用企业对接合作，打造"芯屏器核"的全产业生态体系。

（6）提升国际化合作水平。依托产业梯度转移招商引资对接平台做好新一代电子信息产业招商引资工作；提高高新技术产品出口比重，加大自主品牌知识产权保护力度和海外维权的支持力度；支持既有技术核心竞争力，又有资本运作能力的专精特新电子信息制造业龙头企业实现国际化布局、全球化发展。

2. 《行动计划》实施六大重点工程

（1）稳链强链补链工程。在新一代电子信息产业领域推动企业加强研发攻关；围绕重点环节，加大对企业技术改造的支持力度，支持核心产品研发及产业化；着力招引一批带动力强的领军企业和产业龙头项目。

（2）新基建支撑工程。加快5G、数据中心、智能计算中心、人工智能、工业互联网、物联网等新型基础设施支撑建设，推动5G网络、NB-IoT、eMTC等技术在制造业各环节深入应用；推进全省数据中心布局；加强广州超算中心、深圳超算中心等超算中心建设；推进5G核心器件研发和产业化；提前谋划6G研发储备。

（3）新一代信息技术应用创新硬件工程。推进计算机整机、外部设备及耗材产品的研发和产业化；组织上下游企业开展协同攻关、适配合作，突破芯片、应用服务器、办公套件等电子信息产品；加快产品迭代升级和应用推广。

（4）半导体元器件工程。做大做强集成电路设计业和高端封装测试，补齐集成电路制造环节短板，发展相关装备和原材料产业，构建完整产业链，打造国际领先的集成电路产业基地。

（5）智能终端工程。支持有条件的地市建设智能终端特色产业园；鼓励龙头企业牵头组建产业联盟；支持开展前沿先导技术研发和重大战略产品研发；推动建设国家智能制造试点示范和新模式应用；加快人机交互、生物特征识别、计算机视觉、VR/AR等关键技术在消费类终端的应用。

（6）人工智能工程。建设10个省级人工智能产业园区；分类培育一批人工智能骨干企业；推进人工智能前沿核心技术和应用技术开发研究；建设人工智能开放创新平台，增强人工智能原始创新能力；在智能制造、智能医疗、智能交通等领域实施一批示范项目。

在此基础上，为保障完成重点任务、落实重点工程，将做好强化组织协调领导、加大政策支持力度、加强人才队伍支撑、推进国际交流合作等保障措施，大力推进我省新一代电子信息产业集群高质量发展。

（四）政策效果分析

《行动计划》的印发，为广东省贯彻省委、省政府关于推进制造强省建设的工作部署，坚持制造业当家，加快发展新一代电子信息战略性支柱产业集群，促进产业迈向全球价值链高端提供了坚实制度保障。近年来，广东省落实新一代电子信息产业集群联动协调推进机制，推进集群"五个一"工作体系持续完善，跟踪服务重点地市76家新一代电子信息重点企业情况，布局建设惠州仲恺、梅州经开区、汕尾新区、中山火炬开发区等一批产业特色鲜明、产业集中度较高的新一代电子信息特色产业园区，前瞻布局建设具备强大国际竞争力的未来电子信息产业集群，取得明显成效，产业结构不断优化，质量效益明显提升，为广东打赢产业基础高级化、自主化、现代化的攻坚战，加快广东制造业迈向全球产业链价值链高端，构建世界先进水平的先进制造业基地、全球重要的创新集聚地、高水平开放合作先行地奠定了坚实基础。2023年广东省电子信息产业营业收入突破4.7万亿元，规模连续33年位居全国首位。

五、《广东省发展超高清视频战略性支柱产业集群加快建设超高清视频产业发展试验区行动计划（2023—2025年）》

（一）政策制定背景

超高清视频是指国际电信联盟（ITU）于2012年8月发布的现阶段视频技术的最高标准——ITU-RBT.2020标准，包括4K和8K两种规格。4K超高清视频技术的每一帧图像像素为3840*2160，8K超高清视频技术的每一帧图像像素为7680*4320，与高清视频相比，超高清视频除了具有更高的像素参数外，还具备更高的帧率、位深、动态范围和更广的色域等技术特点，拥有更精细的图像细节、更强的信息承载能力和更广泛的应用前景，能给观众带来颠覆式、更具感染力和沉浸感的临场体验。当前，超高清视频与5G、人工智能、虚拟现实等新一代信息技术深度融合创新发展，催生大量新场景、新应用、新模式，成为千行百业数字化转型的重要赋能力量。根据中国电子信息产业发展研究院发布的数据，截至2022年年底，我国超高清视频产业规模约3万亿元，预计到2025年中国超高清视频产业规模将突破7万亿元。

为贯彻省委、省政府关于推进制造强省建设的工作部署，落实国家有关部委支持广东建设超高清视频产业发展试验区有关要求，2020年9月，省工业和信息化厅联合省发改委、省科技厅、省广播电视局、省通信管理局制定了《广东省发展超高清视频显示战略性支柱产业集群加快建设超高清视频产业发展试验区行动计划（2021—2025年）》，推进广东省超高清视频产业发展。2023年，按照省委、省政府关于坚持制造业当家、推进新型工业化高质量建设制造强省等工作要求，依据省委、省政府《关于高质量建设制造强省的意见》（粤发〔2023〕7号）等文件精神，结合广东超高清视频产业集群发展情况，对《广东省发展超高清视频显示战略性支柱产业集群加快建设超高清视频产业发展试验区行动计划（2021—2025年）》相关内容进行了修订，在充分征求各地级以上市政府、省有关部门以及行业协会等相关单位的意见基础上，形成了《广东省发展超高清视频战略性支柱产业集群加快建设超高清视频产业发展试验区行动计划（2023—2025年）》（以下简称"《行动计划》"），以使政策文件更好地适应新形势新要求，促进超高清视频产业集群不断发展壮大。经省政府同意，省工业和信息化厅联合省发改委、省科技厅、省广播电视局、省通信管理局印发实施《行动计划》。

（二）广东超高清视频产业集群发展总体情况

超高清视频产业主要包括设备制造、节目制作、传输服务、行业应用等领域和环节。广东在全国率先发力4K产业取得显著成效，成功举办世界超高清视频（4K/8K）产业发展大会，成功开播全国首个省级4K频道，获得工业和信息化部和国家广播电视总局联合授予全国首个"超高清视频产业发展试验区"，4K电视机产量、机顶盒产量、电视面板产能均位居全国前列。

（三）政策主要内容

《行动计划》提出到2025年，广东建设超高清视频产业发展试验区成效明显，成为全国超高清视频产业发展先行区、示范区，形成规模领先、创新引领、结构优化的产业生态体系，打造具有全球竞争力的超高清视频产业集群。一是保持产业规模全国领先优势。超高清视频产业不断发展壮大，上下游产业营业收入超过1万亿，建成3个以上超高清视频产业集群。二是创新能力显著提升。超高清视频产业创新体系逐步完善，前端摄录设备、核心芯片、新型显示等关键环节取得突破，前沿新型产品发展活跃，公共服务能力显著增强，产业链协同创新发展。三是产业生态逐步完善。创建5个左右省超高清视频产业园区，建设100个以上超高清视频应用示范项目，形成完善的超高清视频产业链体系，建立完善的超高清视频产业生态体系。

《行动计划》提出要实施五大重点任务。一是构建全产业链生态链。强化部省市联动，发挥终端整机、超高清显示面板制造优势，着力补齐产业链短板，构建技术标准体系、产业支撑体系和公共服务体系，完善超高清视频全产业链生态。二是提升产业技术与服务平台创新能力。积极推进超高清视频在核心芯片、节目内容制作、音视频编解码、信号传输、终端显示及监测监管等关键技术环节取得突破，形成一批拥有自主知识产权的技术创新成果。打造具有全球影响力的公共服务平台。三是优化产业布局促进协同发展。以粤港澳大湾区发展规划纲要为指引，借助粤港澳大湾区优质资源，促进珠三角核心区超高清视频产业各有侧重、紧密协作。四是深化行业交流合作。组建广东省超高清视频产业相关行业组织，建立健全运营商、设备厂商、内容提供商、科研院所等各类行业主体共同参与的产业合作平台，开展行业研究和政策咨询，拓宽国际交流与合作渠道。五是深入推动创新示范应用。支持相关企业和机构以"AI+5G+4K/8K"融合应用为重点，深度挖掘文教娱乐、安防监控、医疗影像、工业制造、时尚创意、商业展示等重点行业超高清视频应用场景，积极开发相关产品和解决方案，打造一批超高清视频创新应用标杆，加快规模化应用。

《行动计划》提出实施六项重点工程，包括：

（1）补链强链工程。支持4K/8K创新载体，实施重点技术攻关计划，加快超高清视频产业链亟须的新装备、新材料、新工艺、新软件研发，补齐补强产业链。

（2）标准先行工程。打造具有湾区特色的超高清视频产业标准体系，建立具有国际竞争力的行业标准。

（3）摄录设备突破工程。集中力量支持4K/8K摄录机、音视频编解码设备、专业监视器、超高清IP视频切换台设备、VR全景相机、5G摄录背包、4K+5G融媒体制作系统、超高清转播车、4K/8K安防监控摄像头、医用超高清图像采集设备、工业超高清摄像头等重点摄录设备突破。

（4）显示终端提质工程。支持发展OLED、AMOLED、Micro LED、印刷显示、量子点、柔性显示、电子纸、平板显示器检测等新型显示技术，重点支持新型超高清电视、柔性显示终端、超高清投影仪、VR/AR、Mini/Micro LED大屏等高端显示终端产品研发及规模化生产。

（5）节目内容跃升工程。支持广东广播电视台再增加1个频道采取4K超高清方式播出，推动广州、深圳广播电视台各调整1个现有频道采取4K超高清方式播出，鼓励其他广播电视台调整现有频道采取4K超高清方式播出，切实做好4K电视频道入网入户工作。

（6）网络提升工程。加快推动"双千兆"网络建设，积极提升通信网络的接入速率及服务质量，增强光纤传输、无线传输、有线电视等网络承载能力，满足4K和8K视频传输的高带宽需求。

在此基础上，为保障完成重点任务、落实重点工程，将做好建立部省市联动协调工作机制、加大政策支持力度、加快人才培养和引进等保障措施，大力推进我省超高清视频产业集群高质量发展。

（四）政策效果分析

《行动计划》的出台，为广东加快推动超高清视频显示产业成为新的万亿元级产业集群，打造全国超高清视频显示产业发展先行区、示范区，形成规模领先、创新引领、结构优化的产业生态体系，打造世界级超高清视频显示产业发展高地提供了政策支撑。近年来，广东省有序推进我省超高清视频战略性产业集群培育各项工作，认真做好超高清重大项目和重点企业跟踪服务，大力推进电视机机顶盒一体化，积极举办超高清视频产业发展大会，加速推动广东省超高清视频显示产业成为新的万亿元级产业集群。目前广东省已成为全国产业规模最大、品类最多、产业链最完整的超高清视频产业集聚区，新型显示面板、显示模组产能全球领先，电视机、机顶盒等终端产品产能全国第一，超高清视频节目时长居全国前列。2022年，广东超高清显示产业营收突破6000亿元，位居全国第一。2023年，广东省超高清视频显示产业发展再上新台阶，2023年全省超高清视频产业营业收入6354.66亿元，全省累计制作4K节目时长超5.2万小时，全省4K机顶盒用户数累计2731万户，占总电视用户84%。

六、《广东省推动新型储能产业高质量发展的指导意见》

（一）政策背景

新型储能是指除抽水蓄能以外，以输出电力为主要形式的储能技术，是构建以新能源为主体的新型电力系统的重要支撑，包括新型锂离子电池、液流电池、压缩空气储能、机械储能等。相比传统储能，新型储能环境适应性更强，能够灵活部署于各类应用场景，目前应用最广泛的电化学储能项目，建设周期仅需3—6个月。新型储能通过与数字化、智能化技术深度融合，可成为电、热、冷、气、氢等多个能源子系统耦合转换的枢纽。随着全球市场对能源需求的水涨船高以及商业运营模式的日趋完善，在"双碳"目标下，新型储能产业具有良好发展前景，迎来重大发展机遇。据清晖智库统计，2025年储能行业规模有望突破1万亿元大关，到2030年规模或将达到3万亿元。

广东省委、省政府高度重视新型储能产业发展，明确要以习近平新时代中国特色社会主义思想为指导，深入贯彻落实党的二十大精神，认真贯彻落实省委十三届二次全会和省委经济工作会议精神，坚持实体经济为本、制造业当家，将新型储能产业打造成为广东"制造业当家"的战略性支柱产业。为更好抢抓新型储能产业发展重大机遇，全面加快培育发展新型储能产业集群，促进补链强链，塑造产业发展新动能新优势，广东省人民政府办公厅于2023年3月制定了《广东省推动新型储能产业高质量发展的指导意见》（以下简称"《指导意见》"）。

（二）广东储能产业发展总体情况

广东省储能电池产业基础较好，产业技术水平不断提升，产业规模持续壮大，储能电池出货量全国领先，覆盖了储能电池材料制备、电芯和电池封装、储能变流器、储能系统集成和电池回收利用全产业链，新型储能产业处于全国领先地位，具备全球竞争力。2022年，广东省新型储能产业营业收入约1500亿元，装机规模达到71万千瓦。未来，广东省将按照"产业集聚、优化布局"原则，优化新型储能电池产业布局，推动产业向产业基础好、配套体系完善、环境容量大的地区集聚，依托骨干企业提升产业集中度，促进形成新型储能电池产业集群。

（三）政策主要内容

《指导意见》第一部分为总体要求，主要包括指导思想和发展目标，提出到2025年，实现新型储能产业链关键材料、核心技术和装备自主可控水平大幅提升，全产业链竞争优势进一步凸显，市场机制、标准体系和管理体制更加健全，大型骨干企业规模实力不断壮大，产业创新力和综合竞争力大幅提升等发展目标，全省新型储能产业营业收入达到6000亿元，年均增长50%以上，装机规模达到300万千瓦。到2027年，全省新型储能产业营业收入达到1万亿元，装机规模达到400万千瓦。

《指导意见》坚持问题导向、目标导向，共提出六方面31条政策措施。

一是加大新型储能关键技术和装备研发。针对储能电池成本高循环次数少等问题，提出提升锂离子电池技术、攻关钠离子电池技术、融合能源电子技术、突破全过程安全技术、创新智慧调控技术、发展氢储能等技术、开展储能前瞻技术研究等7条政策措施。如针对锂离子储能电池安全性、经济性有待提升的问题，支持开发超长寿命、高安全性、全气候储能锂离子电池，提升锂电池容量极限，推进新型体系锂电池研发和应用。

二是推动新型储能产业壮大规模提升实力。针对新兴储能领域布局有待加强、控制芯片及部件进口依赖等问题，提出优化锂电池产业区域布局、加快发展钠离子储能电池产业、提升储能控制芯片及产品供给能力、培育发展电解水制氢设备产业、前瞻布局多元化储能领域、梯度培育新型储能企业、加大优质企业招商引资力度等7条政策措施。如针对氢能产业化水平有待提高问题，提出加快推进质子交换膜电解水制氢装置重点项目建设，支持阴离子膜碱性、高温固体氧化物电解水制氢装备研制和中试生产。

三是创新开展新型储能多场景应用。针对广东省新型储能装机市场有待拓展等问题，提出积极开拓海外储能市场、拓展"新能源+储能"应用、推进定制化应用场景、推进虚拟电厂建设、鼓励充换电模式创新等7条政策措施。

四是提升新型储能产业质量安全管理水平。针对新型储能产业安全风险管控机制有待完善、储能行业标准体系不完备等问题，提出加强全过程安全管控、制定安全技术标准、建立信息化监管平台等3条政策措施。

五是优化新型储能产业发展政策环境。针对新型储能产业中新兴领域技术有待突破、新型储能电站尚未形成成熟盈利模式等问题，提出加大科技研发支持力度、构建国际市场服务支撑体系、完善新型储能电力市场体系和价格机制、加大财政金融支持等4条政策措施。如在完善新型储能电力市场体系和价格机制方面，提出建立健全新型储能参与电能量和辅助服务市场交易机制、动态调整峰谷电价等措施，为新型储能发展创造空间。

六是保障措施。主要包括加强组织领导、加强人才保障、支持重大项目建设等。

（四）政策效果分析

《指导意见》的出台，为广东加快构建万亿级新型储能产业集群提供了坚强的政策底气。事实上，近年来，广东持续构建形成了包括财政补贴、税收优惠、技术研发等在内的政策体系，惠及广州、深圳、佛山、东莞、惠州、江门、梅州等地，建立新型储能、硅能源产业工作专班，组织实施省级专项支持具备优势的储能产品研发及产业化，持续开展储能、硅能源等新兴产业招商引资工作，指导地市充分发挥南方电网、比亚迪、亿纬锂能、欣旺达等头部企业带动效应，成功招引捷力集团锂电池生产项目、协鑫废旧动力锂电池回收利用项目等外省细分领域头部企业、重大项目，推进隆基绿能、TCL中环、宁德时代、中创新航等50亿元以上重点项目加快建设。截至2023年，广东新型储能领域新建、在建、建成项目共128个，其中新建项目28个，总投资414.52亿元；在建项目66个，总投资1950.90亿元；建成项目34个，总投资276.49亿元。

热点篇5

第十四章
2023年电子信息制造业热点事件

一、美日荷达成芯片出口管制新协议

2023年1月28日，美国、荷兰和日本就限制向中国出口先进芯片制造设备达成协议，其中将会涉及ASML、尼康、东京电子等企业的设备产品。在这项新的协议中，最大的变化莫过于对华的出口管制，从原来的EUV光刻机扩展到浸润式光刻机（DUV）。目前ASML的光刻机有四大类，一种是EUV，也就是极紫外光刻机，用于生产7nm制程及以下的芯片；第二类是用于生产制程在7nm及以下制程的最新型浸润式光刻机；第三种是用于生产制程在40nm／28nm／14nm／7nm的浸润式光刻机；第四种就是生产55nm及以上制程的干式光刻机。

如果用于生产7nm及以下制程的浸润式光刻机被禁运，那么其他机型用于生产28nm／14nm制程的芯片问题都不大。而如果是最差的情况，所有浸润式光刻机都被禁运的话，那么用干式光刻机生产55nm制程的芯片是没有问题的，如果要生产40nm制程的芯片，使用双重曝光技术，干式光刻机也可以完成生产。中国半导体行业协会集成电路设计分会理事长魏少军在12月29日"2022中国（深圳）集成电路峰会"的演讲中也表达了类似的观点，中国产业原来发展的重点比较多地放在聚焦很先进的科技工艺。但到了后面，可能需要转向那些对工艺和EDA工具不强敏感的芯片研发技术，同时更聚焦目标导向和问题导向，提升成熟工艺的性能、功耗和尺寸，这是在别人限制中国的前提下，所做的无奈之举。而新器件、新材料、新工艺和芯片架构创新将是主要的发力方向。

后续：在跟美国政府达成协议1个多月后，当地时间3月8日，荷兰政府以"国家安全"为由，宣布将对包括"最先进"的深紫外光刻机（DUV）

在内的特定半导体制造设备实施新的出口管制。这意味着，荷兰方面已将光刻机出口管制的范围，由最先进的极紫外光刻机（EUV）扩大到了DUV，这些措施在2023年夏天之前实施。3月22日，美国商务部对国际企业在华实体的限制做出调整，三星、SK、台积电等企业在中国大陆的实体可以为现有产线的运维更换设备，也可以为现有产线扩产、升级，但实质对中国半导体的制裁更加严重了，要求在未来10年内，28nm扩产规模限制在10%以内，先进产能扩产规模限制在5%以内。升级或扩建的产能至少有85%供应其母国，譬如三星扩产的85%要供应韩国。6月30日，荷兰政府正式宣布针对半导体相关产品出口的新规，涉及先进半导体芯片材料、设备及技术，要求相关企业在出口相关产品前必须获得许可证，新规于9月1日生效。9月22日美国商务部正式发布实施《芯片和科学法案》的国家安全"护栏"的最终规则（Final National Security Guardrails），美国商务部通过4项新规则对《芯片和科学法案》的两个核心条款做了细化，以便法案可以落地执行。两个核心条款为：禁止CHIPS资金接受者在十年内扩大在外国半导体制造能力；限制CHIPS资金接受者与相关外国实体进行联合研究或技术许可。10月17日，美国商务部发布了对华半导体出口管制最终规则。最终规则在2022年10月出台的临时规则基础上，进一步加严对人工智能相关芯片、半导体制造设备的对华出口限制。据悉，更新后的规则大幅扩展了美国政府以国家安全名义决定本国公司可否销售某些产品的权力。未经政府许可，包括英伟达和英特尔为中国市场开发的高端人工智能芯片在内的芯片产品将不能被出售给中国。销售精密程度略低于这些门槛的"灰色地带"芯片也将需要通知美国政府，而政府可以不批准此类芯片的销售。在新规定中，美国商务部还试图阻止芯片通过其他国家运往中国，将出口限制覆盖面扩大到中国公司的海外子公司和另外21个国家和地区。此外，美国商务部还宣布将国内知名芯片设计厂商壁仞科技和摩尔线程等公司列入出口管制"实体清单"，这两家企业都拥有面向服务器AI加速的高性能GPU产品。被列入"实体清单"之后，上述企业不仅无法进口美国的技术或产品，同时也无法使用基于美国技术或设备的晶圆厂为其代工芯片。

二、电子元器件和集成电路国际交易中心揭牌

2023年2月3日，深圳注册成立的电子元器件和集成电路国际交易中心揭牌仪式在北京举行。工业和信息化部副部长王江平，深圳市市长覃伟中，中国电子董事长曾毅出席活动。据悉，交易中心建设遵循"创新、开放、协同、服务"的宗旨，围绕"市场化、全球化、平台化"的指导思想，基于"高效交易、行业枢纽、创新服务、多元储备"四大定位，着力提升产业链供应链韧性和安全水平、支撑国内国际双循环战略布局。交易中心立足产业大数据底座，通过用户集采、聚合竞标、自助撮合三种交易模式，配套建设仓配、金服、检测认证等增值服务，高效汇聚需方买力及前瞻性行业预判能力，提升交易效率、降低总供应成本、提高采购议价能力、优化供需平衡，致力于打造万亿级电子元器件和集成电路国际交易中心，成为行业双循环的交汇点。

交易中心的建设是落实党中央、国务院有关政策精神、发挥新型举国体制优势的重要举措，是有为政府和有效市场的有机结合，是央地共建的积极实践。通过完善市场准入制度体系，全力打造深圳样板，对于建设高标准现代市场体系、提升产业链供应链韧性和安全、实现国民经济高质量发展具有重要意义。电子元器件和集成电路国际交易中心2023年度累计实现交易规模超450亿元。交易中心的建设，在助力企业数字化转型、推动企业高质量发展、服务高端高质高新的现代产业体系等方面发挥积极作用，对促进产业链供应链降本增效、着力提升产业链供应链韧性和安全水平具有里程碑意义，有望加速国内超大规模市场的资源禀赋优势向全球市场竞争优势转换、为新一轮科技革命提供重要支撑。

三、我国首颗6英寸氧化镓单晶成功制备

2023年2月28日，中国电科46所成功制备出我国首颗6英寸氧化镓单晶。氧化镓是新型超宽禁带半导体材料，拥有优异的物理化学特性，但因具有高熔点、高温分解以及易开裂等特性，大尺寸氧化镓单晶制备极为困难。中国电科46所氧化镓团队从大尺寸氧化镓热场设计出发，成功构建了适用于6英寸氧化镓单晶生长的热场结构，突破了6英寸氧化镓单晶生长技术，可用于6英

寸氧化镓单晶衬底片的研制，将有力支撑我国氧化镓材料实用化进程和相关产业发展。

近年来，第四代半导体材料凭借其高耐压、低损耗、高效率、小尺寸等特性，成功进入人们的视野，尤以氧化镓备受业界关注。作为新型超宽禁带半导体材料，氧化镓在微电子与光电子领域均拥有广阔的应用前景，可以有效降低新能源汽车、轨道交通、可再生能源发电等领域在能源方面的消耗。为进一步推动氧化镓产业发展，科技部高新技术司甚至已于2017年便将其列入重点研发计划。此外，安徽、北京等省市也将氧化镓列为重点研发对象。

尽管氧化镓发展尚处于初期阶段，但其市场前景依然备受期待。有数据显示，到2030年，氧化镓功率半导体市场规模将达15亿美元。中国科学院院士郝跃认为，氧化镓材料是最有可能在未来大放异彩的材料之一，在未来的10年左右，氧化镓器件有可能成为有竞争力的电力电子器件，会直接与碳化硅器件竞争。业内普遍认为，未来，氧化镓有望替代碳化硅和氮化镓成为新一代半导体材料的代表。截至2023年，我国从事氧化镓相关业务的企业包括北京镓族科技、杭州富加镓业、北京铭镓半导体、深圳进化半导体等。此外，除中电科46所，上海光机所、上海微系统所、复旦大学、南京大学等各大科研高校也在从事相关研究。

四、华为基本实现芯片14nm以上EDA工具国产化

2023年2月28日，在华为硬、软件工具誓师大会上，华为轮值董事长徐直军表示，华为芯片设计EDA工具团队联合国内EDA企业，共同打造了14nm以上工艺所需EDA工具，基本实现了14nm以上EDA工具国产化，2023年将完成对其全面验证。他透露，华为软件开发工具开发团队自2018年就已经开始布局，努力打造软件从编码、编译、测试、安全、构建、发布到部署等全套工具链，采用自研加联合合作伙伴一起研发的策略，解决工具连续性问题。

华为这项突破不仅让公司在美国封锁下有了更大的生机，同时对国内芯片产业而言也是一个里程碑。EDA被誉为"芯片之母"，技术可以广泛应用于电子、通信、航空航天、机械等多个领域，是贯穿整个集成电路产业链的战略基础支柱之一。EDA一直以来都被认为是国产芯片最薄弱的环节，市场高度集中，海外龙头企业处于垄断地位。据统计，2021年国内85%的EDA市

场掌握在新思科技、Cadence、西门子EDA、Ansys、Keysight Technologies五家手里，国产化仅为12%，并且存在40%的工具缺失。近年来美国对华限制打压持续升级，芯片国产替代迫在眉睫。华为经过大量的研发投入和关键领域攻坚，在困难的国际形势下走出了一条自主可控度非常高的新路，为国产芯片企业的发展树立了标杆。据官方披露，华为2023年研发投入达到1427亿元，十年累计投入的研发费用超过8450亿元。在研发力度不断加大的情况下，华为国产替代速度超预期，近3年来完成13000个元件替代开发，超4000个电路板的反复换板开发。

五、日本解除对韩出口半导体材料限制措施

2023年3月16日，韩国产业通商资源部（产业部）表示，日本决定解除限制向韩出口高纯度氟化氢、含氟聚酰亚胺、光致抗蚀剂三种关键半导体材料的措施，将韩日出口贸易恢复至2019年7月之前的状态，韩国据此撤回之前向世界贸易组织（WTO）提出的申诉。这三种材料是制造智能手机等消费电子产品的显示屏和半导体的基本成分。另外，韩日政府商定就日本将韩国踢出适用简化出口程序国家"白名单"一事保持紧密协商，以便尽快恢复原状。

2018年10月，韩国大法院判令日本涉案企业赔偿二战时期被强征韩籍劳工受害者。日本政府于2019年7月采取反制措施，限制对韩出口高纯度氟化氢、含氟聚酰亚胺、光致抗蚀剂三种关键半导体材料。这三种材料几乎完全由日本合成橡胶公司（JSR Corporation）、信越化学公司（Shin-Etsu Chemical Co.）和东京大冈工业株式会社（Tokyo Ohka Kogyo Co.）等日本公司控制，这是20世纪80年代日本在半导体技术方面领先世界时留下的遗产。以2019年为准，在全球生产的含氟聚酰亚胺、光致抗蚀剂中，日本产量占比高达90%，在高纯度氟化氢市场上，日本产量占据70%左右。日本对韩限制出口这些材料严重冲击韩国半导体等产业。同年8月，日本还将韩国踢出适用简化出口程序国家"白名单"。对此，韩国同年9月将日本对韩采取出口限制一事诉诸世贸组织。11月，韩日两国暂停世贸组织争端解决程序，决定启动出口管理政策对话，一度进入"化解模式"。但次年6月，两国未能缩小分歧，进而重启世贸组织争端解决程序，而日方中断了出口管理政策对话。之后世贸组织争端解决机制在专家小组组建阶段停滞不前。本次日本宣布取消对韩国关键半

导体材料的出口限制，昭示着日韩两国的激烈争执即将结束，两国关系将翻开崭新篇章。

六、诺基亚德国通过专利诉讼"狙击"vivo

2023年4月6日，德国曼海姆地区法院在一审判决中裁定vivo侵犯了诺基亚的三项蜂窝标准必要专利，该法院授予了诺基亚针对vivo的禁令。4月13日早间，诺基亚针对近期与中国手机厂商的专利诉讼发表声明，希望"以公平的条件"与中国手机厂商达成许可。随后，vivo也对这一判决做出回应，认为诺基亚没有履行以"FRAND"（公平、合理和无歧视）原则提供合理许可的义务，双方暂时未能达成一致。vivo方面表示，正在对一审判决提出上诉，并将评估进一步的举措，必要时会暂停相关产品在德国官方渠道的销售和营销。

诺基亚与OPPO的全球专利纷争已持续数年，自2021年7月开始，双方在德国、英国、法国、芬兰、瑞典、印度、印尼、中国等多个司法管辖区展开了侵权诉讼，在不同地区都各有胜诉。在2022年，德国当地一家法院裁定，认为OPPO侵犯了另外一家手机厂商诺基亚的相关专利，授权了诺基亚对OPPO的停止令，导致OPPO旗下的手机产品不能在德国市场上进行销售。

后续：2023年12月，重庆市第一中级人民法院作出了有利于OPPO的一审判决，确认了诺基亚2G、3G、4G及5G标准必要专利组合全球性的公平、合理和无歧视（FRAND）许可费率，并裁定手机行业5G标准全球累积费率为4.341%～5.273%，即针对5G多模手机，在全球第一区的单台许可费为1.151美元/台，在第二区（中国大陆地区）及第三区的单台许可费为0.707美元/台。针对4G多模手机，在第一区的单台许可费为0.777美元/台，在第二区及第三区的单台许可费为0.477美元/台。该判决是中国司法机关作出的全球首个5G相关标准必要专利全球许可费率判决。另外，在此次判决中也就5G多模手机中2G、3G、4G及5G各代际标准的价值占比作出了认定，5G、4G、3G、2G对应价值比例为50∶40∶5∶5。2024年1月24日，OPPO与诺基亚专利案和解，双方签署交叉许可协议。近日，OPPO宣布与诺基亚签署全球专利交叉许可协议，协议涵盖双方在5G和其他蜂窝通信技术方面的标准必要专利，双方在协议签署后将结束在所有司法管辖区的所有未决诉讼，协议具体条款按双方约定保密。

七、OPPO关停旗下芯片公司哲库（ZEKU）

2023年5月12日，OPPO宣布关停旗下芯片设计公司哲库科技（ZEKU）的业务，解散哲库科技（上海）有限公司及其全资子公司、分公司，并终止所有劳动合同，对于尚未入职报到的应届生，可选择加入OPPO其他部门，或接受"N+3"补偿金。

ZEKU哲库科技是OPPO旗下的一家芯片设计公司，成立于2019年。该公司由三个大团队组成，分别是NPU芯片中心、基带芯片中心以及Wi-Fi蓝牙芯片中心。ZEKU产品包括应用处理器、短距通信芯片、5G Modem芯片、射频芯片和电源管理芯片等，专注于为高端旗舰手机提供扎实和全面的软硬件支持，曾先后推出6nm制程的独立NPU马里亚纳X、蓝牙芯片马里亚纳Y等芯片，此前还有消息称，OPPO自研手机SoC芯片将于2023年Q3量产，采用台积电4nm工艺。然而，苦心经营了四年的芯片业务，在5月12日戛然而止，OPPO称，面对全球经济、手机市场的不确定性，经过慎重考虑，公司决定终止芯片子公司ZEKU（哲库）业务。

OPPO关停哲库是多重因素所致。一是消费电子市场的低迷对手机厂商的冲击，OPPO也明确表示营收不达预期是关停芯片业务的重要原因之一。IDC的数据显示，2022年全球出货量同比下降11.3%至12.1亿台，创2013年以来的最低年度出货量。而2023年一季度，中国智能手机市场的出货量约6544万台，同比降11.8%。尽管OPPO在2023年一季度重返国内手机市场第一的位置，但销量同比依然在下滑。二是自研芯片门槛太高，有芯片行业人士透露，以OPPO的人员体量，每年芯片研发投入都在百亿级别，而近两年手机市场遇到了巨大的挑战，手机业务的利润已经不足以支撑OPPO在芯片业务上的巨大开销。三是整个半导体行业整体风向不佳，虽然近几年全球半导体行业看似风光无限，各大厂商都在抢产能、增库存，但从2022年开始，出现了周期性低潮的趋势，英特尔在亏损，连业绩一向很好的台积电都开始下降。对于OPPO来说，及时止损，关停芯片业务"断臂自保"或许是一个艰难但正确的决定。

后续：继OPPO之后，又一家公司宣布终止自研芯片业务。8月8日，星纪魅族发表声明称：面对全球经济市场的变化，为应对长期发展的挑战，集团做出战略调整，决定终止芯片业务，公司将妥善处理此次业务调整所带来的相关事宜，未来会更加聚焦产品创新和软件体验，持续创造价值。这是2023年第二家手机相关公司终止自研芯片业务，只不过星纪魅族在芯片研发团队成立的时间更短，还不到半年。

八、美国存储芯片巨头美光未通过我国网络安全审查

2023年5月21日，据"网信中国"微信公众号消息，网络安全审查办公室依法对美光公司在华销售产品进行了网络安全审查，审查发现，美光公司产品存在较严重网络安全问题隐患，对我国关键信息基础设施供应链造成重大安全风险，影响我国国家安全。为此，网络安全审查办公室依法作出不予通过网络安全审查的结论。

按照《中华人民共和国网络安全法》等法律法规，我国关键信息基础设施的运营者应停止采购美光公司产品。此次对美光公司产品进行网络安全审查，目的是防范产品网络安全问题危害国家关键信息基础设施安全，是维护国家安全的必要措施。中国坚定推进高水平对外开放，只要遵守中国法律法规要求，我国欢迎各国企业、各类平台产品服务进入中国市场。

美光是美国的存储芯片行业龙头，也是全球存储芯片巨头之一2022年收入来自中国市场收入从此前高峰57%降至2022年约11%。根据市场咨询机构Omdia（IHS Markit）统计，2021年三星电子、铠侠、西部数据、SK海力士、美光、Solidigm在全球NAND Flash（闪存）市场份额约为96.76%，三星电子、SK海力士、美光在全球DRAM（内存）市场份额约为94.35%。

本次美光未通过网络安全审查，国产存储厂商将迎来加速发展的机遇。近年来中国存储芯片产业也在不断成长中，尤其是长江存储，在3D NAND闪存领域已经实现了量产和商用，成为全球第四家拥有该技术的企业。此外，还有紫光、华为、紫光展锐等企业也在积极布局存储芯片领域，努力提升自主创新能力和市场竞争力。按照内存规格看，目前国内在DDR3、DDR4、小容量Low Power DRAM上可进行替代，在NAND Flash领域，3D NAND和SLC NAND产品上可以进行替代。"美光网络安全审查"事件有望成为行业拐点催化剂，助力国内厂商承接美光原有客户与订单，从而加速存储行业国产替代进程。

九、苹果首款头显发布，或将引领元宇宙创新潮流

2023年6月6日，苹果在WWDC2023（全球开发者大会）上推出第一代苹果MR（混合现实）头显——"Apple Vision Pro"。发布会信息显示，Vision Pro采用双芯片设计，初始为Mac级别的M2芯片，同时配置实时传感器处理芯片R1。R1芯片可以处理来自12个摄像头、1个传感器和12个麦克风的输入，以确保内容实时呈现在用户眼前。在屏幕方面，Vision Pro配备micro-OLED屏幕，两块屏幕总像素为2300万像素，相当于每只眼睛分到的像素比4K电视还多，支持4K广色域视频和HDR渲染。Apple Vision Pro的最大亮点是它能够同时支持VR和AR模式，让用户可以自由切换虚拟和现实之间。在VR模式下，用户可以完全沉浸在虚拟世界中，享受各种游戏、影视、教育等内容。在AR模式下，用户可以在现实世界中叠加虚拟元素，如导航、通知、应用等。此外，该设备可以用眼睛移动光标，用手指捏和选择和滚动，或通过语音进行操作，当你看向一个App时，App就会显示被注视，仅需一个手势就能打开。目前发布的VR设备中，仅苹果实现了该功能，其他VR设备暂时还需要遥控手柄操作。在生态上，苹果已为Vision Pro推出了全新的操作系统visionOS，有专门的应用商店，且与iOS、iPadOS等系统兼容。

根据Vision Pro拆机报告来看，除了核心芯片来自苹果自身设计、台积电代工以外，ROM和RAM存储芯片都来自三星，核心那一套1.3英寸硅基OLED来自索尼。当然，中国供应链也占据了很大的份额，比如追踪摄像头模组来自兆威机电和广东省的高伟电子；PCB来自广东省的鹏鼎控股；结构件来自广东省的长盈精密、领益智造；光机设备也就是Pancake 3P，来自台湾的阳明光学和玉晶光电；电池来自广东省的德赛，声学部分来自歌尔，整机制造由广东省的立讯精密完成。从国家和地区来看，美国的企业有4家，苹果、博通、TI（德州仪器）和Skyworks；韩国有3家，三星、海力士和LG；日本有3家，索尼、铠侠和TDK；另有一家总部位于瑞士的ST（意法半导体）。来自台湾的企业主要是做光机部分的玉晶光电和扬明光学，以及富士康、大立光电、美律，主要还是在传感器和光机上占得优势。其余的是大陆企业，包括最终组装厂立讯精密在内一共8家，其中广东省占有6家。

在AR/VR头显领域，苹果算后来者。在Vision pro之前，AR/VR头显领域

已经聚集了Meta、字节跳动、大朋、HTC、爱奇艺、Nreal等公司。IDC数据显示，2022年，AR/VR头显的销量同比下滑了21%，从1120万台降至880万台，其中，Meta公司Quest出货量占比接近80%，字节跳动旗下的PICO份额达到10%。由于市场需求萎缩，过去一年，国内大厂和PICO等头部厂商纷纷收缩投入，裁撤VR和元宇宙等业务。现在，苹果不仅推出了MR头显，还上线了操作系统visionOS，这无疑会抢了Meta的元宇宙业务的市场份额。苹果并没有在发布会现场透露首批Vision Pro的产量，而据The Information预测，Vision Pro第一年的出货量或不到50万台，对比iPhone去年在全球智能手机市场近2.32亿部的出货量，短期内Vision Pro还无法成为苹果的营收主力。但Vision Pro的推出将AR/VR技术推向主流，为后续MR头显的发展指明了方向，各大厂商推出AR/VR产品都会朝着Vision Pro的方向靠近。对于国内VR/AR领域创业者和开发者而言，多年来一直未迎来市场爆发期，在经历了漫长低迷期以后，此次苹果的入场或将大幅提升从业者信心。

十、中国团队发布全球首颗AI全自动设计CPU

2023年7月1日，中科院计算所的处理器芯片全国重点实验室及其合作单位，用AI技术设计出了32位RISC-V CPU "启蒙1号"——这是世界上首个无人工干预、全自动生成的CPU芯片。这颗CPU采用65nm工艺，频率达到300MHz，并可运行Linux操作系统，性能与Intel 80486SX相当，设计周期则缩短至1/1000。在AI技术的帮助下，研究人员5个小时就生成了400万逻辑门，该团队表示，其训练过程需要不到5个小时，便能达到＞99.99%的验证测试准确性。

"启蒙1号"是基于BSD二元猜测图算法设计而来。研究人员通过AI技术，直接从"输入—输出（IO）"自动生成CPU设计，而无需工程师提供任何代码或自然语言描述，去除了传统设计流程中的逻辑设计与验证环节。随着AI技术发展，越来越多的公司开始将其引入芯片设计制造。英伟达创始人兼首席执行官黄仁勋强调了英伟达加速计算和AI解决方案在芯片制造中的潜力，他认为芯片制造是加速计算和AI计算的"理想应用"。另一芯片巨头AMD首席技术官Mark Papermaster也透露，目前AMD在半导体设计、测试与验证阶段均已开始应用AI，未来计划在芯片设计领域更广泛地使用生成式AI。

同时，AMD已在试验GitHub Copilot（由GitHub和OpenAI合作开发），并研究如何更好地部署这一AI助手。日本半导体企业Rapidus社长小池淳义表示，将引进人工智能和自动化技术，以约500名技术人员确立量产工序。公司已有人才、设备、技术齐备的头绪，预计2027年启动量产。在芯片设计环节中，AI"做得很好"，可以无限迭代，直至得出最佳解决方案。不止于此，在迭代的同时，AI还会学习，它会研究通过什么模式能创造最优设计，因此AI实际上加快了芯片设计优化布局的速度，并带来更高性能与更低能耗。而在验证与测试环节，AI也能最大限度地提高测试覆盖率、节省时间。

十一、中国宣布对镓和锗实行出口管制

2023年7月3日晚间，商务部、海关总署联合发布公告，对镓和锗两种金属相关物项实施出口管制。根据公告，镓相关物项中，金属镓（单质）、氮化镓、氧化镓、磷化镓等，以及锗相关物项中的金属锗、区熔锗锭、磷锗锌、二氧化锗等未经许可，不得出口。对镓和锗两种金属相关物项的出口管制将于8月1日起正式实施。

镓和锗都是新兴的战略关键矿产，均已被列入国家战略性矿产名录中。两种金属矿产无论是在储量还是在出口上，中国均在全球占据领先地位。目前镓的世界总储量约23万吨，中国的镓金属储量居世界第一，约占世界总储量的80%～85%。其中被列入出口管制中的砷化镓作为第二代半导体材料的代表，在高频、高速、高温及抗辐照等微电子器件研制中占有主要地位；半绝缘砷化镓材料主要用于雷达、卫星电视广播、微波及毫米波通信、无线通信（以手机为代表）及光纤通信等领域；氮化镓作为典型的第三代半导体材料，是目前世界上最先进的半导体材料，是新兴半导体光电产业的核心材料和基础器件，在手机快充、5G通信、电源、新能源汽车、LED以及雷达等方面具有远大的应用前景。锗作为另一种关键金属也被多国列入战略储备物资的重要战略资源。全球已探明的锗保有储量仅为8600金属吨，主要分布在美国、中国和俄罗斯。其中美国占全球的45%，其次是中国，占全球锗储量的41%。但中国近十年来累计供应全球68.5%的锗。锗常被应用于红外光学、纤维光纤、太阳能电池、聚合催化剂及医药等高新技术领域，未来在芯片、太阳能电池、生物科技和武器制造中也具有极其重要的潜在价值。

　　欧美日等西方发达国家近年来纷纷制定战略，不断发布并完善战略性矿产资源目录，以维护本国在尖端高科技领域的战略安全。中国与美欧之间对关键矿产的竞争关系到产业发展和大国竞争，已不可避免。在全球范围内，美国拜登政府炮制拉拢盟友合伙打压中国的一贯政策，通过签订"能源资源治理倡议""矿产安全伙伴关系"（MSP）等筹划供应链和产业链联盟，构建"小院高墙"，企图与中国脱钩断链，并阻滞全球化进程。眼下，在关键金属下游的半导体产业上，美国对中国的打压正愈演愈烈，美国不断拉拢胁迫盟友组成共同战线。日本在2023年5月底宣布对23种半导体设备和材料进行出口限制，7月23日起正式实行。荷兰作为全球最大的光刻机生产国6月30日宣布，进一步收紧光刻机出口政策，高端DUV光刻机9月1日起将限制向中国出口。因此，两部门公告对两种金属相关物项实施出口管制，或是一种对等反制，也是维护国家安全和利益的一种做法。

十二、华为发布国产无线连接技术革命星闪NaerLink

　　2023年8月4日，华为在HDC大会上正式发布了新一代近距离无线连接技术：星闪NaerLink。星闪其实是一种新的无线短距离通信技术。目前主流有蓝牙、Wi-Fi等国际标准协议。而星闪的领先是"革命性"的。一方面，它打通了短距离通信技术间的壁垒。蓝牙和Wi-Fi虽然名义上都属于无线短距离通信技术，但是它们侧重点是两个极端，蓝牙追求更低的功耗，Wi-Fi追求更高的传输速率。并且两者独立发展了几十年，在各自的道路上渐行渐远，消费者们期盼的"蓝牙-Wi-Fi"互联似乎越来越不可实现。而星闪的架构原理上看，它是能够兼容这两种协议的，这意味着国产协议打通了两者20多年来筑成的厚实壁垒。另一方面，星闪的短距离通信便表现具有全方位的优越性。其在功耗、传输速度、稳定性和覆盖面积等都有大幅度提升。延迟性上，星闪能做到20微秒延迟，这是无线连接技术史上首次进入微秒级，远远优于蓝牙（私有协议可达15毫秒）、Wi-Fi（10—100毫秒）协议。最大连接设备数量上，星闪最高支持4096台设备互联，而蓝牙智能做到最高8台，Wi-Fi则是最高256台。这个特性对个人来说可能没有这方面的极端需求，但对智能制造行业来说，宛如暗夜里的璀璨明星，举个例子，目前许多智能车型安装了200甚至300多个传感器，蓝牙显然无法支撑数量如此庞大的传感器，Wi-Fi虽然能勉强解决，但是功耗会大大增加，星闪则可以轻松实现这一需求。

2019年，华为因美国制裁被迫退出蓝牙技术联盟。因此它不得不自立门户。在退出蓝牙技术联盟后，华为并没因此被卡住喉咙，在同年发布的荣耀机型里，就搭载了"华为超级蓝牙"，连接距离远超普通蓝牙。即便很快就重返蓝牙技术联盟，但华为没有忘记这个耻辱过往，逐步发力国产"蓝牙技术"，得到了各行各业的支持，它们就是"星闪联盟"的雏形。为了消除其他厂商顾虑，华为在2020年9月将星闪项目转投到了中国工程院的名下。形成了以邬院士为主导，应用于国家高等教育的开放式"星闪联盟"，其中华为、联想、TCL、vivo、小米、OPPO、中兴等厂商担任其副理事长或理事单位。如今，星闪联盟已经扩展到了320多家企业，遍布计算机、汽车、家电、网络运营商等各行各业。作为国产无线连接技术的革命性产品，星闪将有望与蓝牙、Wi-Fi在世界范围形成"三足鼎立"的局面。

十三、四部门印发实施方案前瞻布局未来产业标准研究

2023年8月22日，工业和信息化部、科技部、国家能源局、国家标准化管理委员会四部门联合印发《新产业标准化领航工程实施方案（2023—2035年）》（以下简称"《实施方案》"），以持续完善新兴产业标准体系，前瞻布局未来产业标准研究。《实施方案》聚焦新一代信息技术、新能源、新材料、高端装备、新能源汽车、绿色环保、民用航空、船舶与海洋工程装备等8大新兴产业，以及元宇宙、脑机接口、量子信息、人形机器人、生成式人工智能、生物制造、未来显示、未来网络、新型储能等9大未来产业，统筹推进标准的研究、制定、实施和国际化。《实施方案》分别提出2025年、2030年和2035年的"三步走"目标，到2025年，支撑新兴产业发展的标准体系逐步完善，共性关键技术和应用类科技计划项目形成标准成果的比例达到60%以上，新制定国家标准和行业标准2000项以上，培育先进团体标准300项以上；开展标准宣贯和实施推广的企业1万家以上；参与制定国际标准300项以上；重点领域国际标准转化率超过90%，支撑和引领新产业国际化发展。到2030年，新产业标准的技术水平和国际化程度持续提升，以标准引领新产业高质量发展的效能更加显著。到2035年，企业主体、政府引导、开放融合的

新产业标准化工作体系全面形成。

从全球角度来看，世界经济大国和强国高度重视并加快部署未来产业发展，美国、欧洲、日本等国家和地区相继出台实施未来产业发展战略规划、法案法规以及投资计划，强化前沿技术研发、创新未来产业孵化，积极谋求未来产业全球领导权，其中人工智能终端、新一代通信领域成为未来产业竞争的焦点。美国发布《2020年未来产业法案》《关键与新兴技术国家战略》等政策，重点发展人工智能（AI）、先进通信网络等前沿领域，高通、英伟达、谷歌、SpaceX、OpenAI等巨头也纷纷加大在未来产业的布局力度，在全球总体居于领先地位，2023年美国的人工智能投资额达到672亿美元，是排名第二的中国的近8.7倍，61个著名的人工智能模型源自美国的机构，超过欧盟的21个和中国的15个；美国在6G领域的核心专利布局中占据18%的份额，居全球第二位。欧盟于2019年发布《加强面向未来欧盟产业战略价值链报告》，设立规模高达100亿欧元的主权财富基金，计划提高欧洲六大战略性和面向未来产业的全球竞争力和领导力，目前在6G领域的核心专利布局中占比13%。日本多次提出聚焦发展新一代通信、人工智能等未来产业领域，加速AI、6G发展，计划在2025年建立一个实验性的6G网络，在2030年底前将该技术商业化，并通过税收优惠等措施构建世界前列的开发环境和人工智能创新高地。韩国发布《政府中长期研发投入战略（2019—2023）》《制造业复兴发展战略蓝图》等政策，明确提出发展未来和新产业，并计划到2047年在首尔南部建立一个"半导体超级集群"，将推动三星电子和SK海力士公司的总投资达到622万亿韩元（约合4720亿美元）。

从我国角度来看，我国在新一代通信、人工智能终端等未来领域取得一系列重大技术突破，卫星通信手机、AI手机、AI电脑等前沿产品领域走在全球前列。根据国家知识产权局知识产权发展研究中心数据显示，我国6G专利申请量达13449项，占全球6G关键技术专利申请数的35%，位居全球第一；在全球人工智能专利来源中，中国以61.1%的比例领先，大大超过美国的20.9%。同时，各省市也纷纷出台了实施未来产业发展专项规划、行动计划与配套政策，带动全国掀起发展未来产业的良好势头，广东在新一代网络通信与人工智能终端、安徽在量子信息、上海在人工智能大模型、浙江在类脑智能、江苏在未来网络等逐步形成一批全球创新引领成果。其中北京出台《北京市促进未来产业创新发展实施方案》重点布局未来信息产业、未来空间等6大领域，大力开辟6G、卫星网络等20个未来产业新赛道。上海在《上海打造未来产业创新高地发展壮大未来产业集群行动方案》提出要大力发展智能计算、通用AI、6G技术等未来产业，加快打造未来产业先导区。此外，江苏、内蒙古、吉林、福建等省和自治区在2024年政府工作报告中提出要前瞻布局未来产业，加快核心技术攻关力度，培育新质生产力。

十四、华为发布全球首款支持卫星通话的大众智能手机Mate 60 Pro

2023年8月29日，华为商城发出"致华为用户的一封信"。信中显示，将还未正式发布的Mate60 Pro提前至当日12：08上线华为商城，让部分消费者提前体验史上最强大的Mate手机。这封信中还提到，自2013年华为Mate系列手机发布以来，至今该系列手机已经累计发货达到一亿台。商城公开信中显示，这一旗舰手机是全球首款支持卫星通话的大众智能手机，即使没有地面网络信号，也可以拨打和接听卫星电话。华为在mate60系列手机的推动下，2023年四季度销量同比增长93%，全年销量同比大涨84%，出货量由2022年的2800万部增加至2023年的4000万部，位列全球第十位，其在国内折叠屏手机市场份额占比达37.4%，位居第一位。

早在2022年9月，华为发布首款支持北斗卫星通信消息的大众智能手机华为Mate 50系列，Mate 60 Pro则在卫星通信领域再次突破，"升级"到卫星通话功能。目前，卫星通信技术迭代正在推动以智能手机为代表的消费电子设备创新升级。高通、联发科在2023MWC上公布双向卫星通信新方案，三星电子也投身卫星通信技术的竞争中。中兴发布了Axon 50 Ultra，是行业内首款支持卫星通信的5G安全手机，支持可编辑北斗卫星通信消息。OPPO推出的Find X7 Ultra能够通过卫星天线方向图调控技术，让卫星通信实现了听筒和免提双模式通信。荣耀的Magic6 Pro搭载自研的手机直连卫星通信技术解决方案——荣耀鸿燕通信，通过连接天通卫星实现双向语音和点对点短信功能。传音旗下品牌Infinix公布了自主开发的"探索者"卫星通信技术，拟将其用于自身旗舰产品。

十五、中国首款商用可重构5G射频芯片"破风"正式发布

2023年8月30日，在中国移动"第四届科技周暨战略性新兴产业共创发展大会"上，中国移动核心自主创新成果"破风8676"可重构5G射频收发芯片首次亮相，"中国移动量子计算应用与评测实验室"也宣告挂牌成立。中国移动董事长杨杰表示，近年来，中国移动在5G、算力网络、能力中台等多个领域实现多个业界领先的通用型创新。

"破风8676"芯片是国内首款基于可重构架构设计，可广泛商业应用于5G云基站、皮基站、家庭基站等5G网络核心设备中的关键芯片，实现从零到一的关键性突破，填补了该领域的国内空白，有效提升了我国5G网络核心设备的自主可控度。据"破风8676"研发负责人、中国移动研究院无线与终端技术研究所副所长李男介绍，射频收发芯片是无线电波和数字信号之间的"翻译官"，是5G网络设备中的关键器件，被称为5G基站上的"明珠"。据悉，该芯片凭借其低成本、低功耗、多功能等差异化竞争优势，目前已在多家头部合作伙伴的整机设备中成功集成，未来，将在以云基站、皮基站、家庭站等网络设备为代表的下阶段5G低成本、高可控度的商用网络建设中发挥重要作用。

十六、广东出台《广东省人民政府关于加快建设通用人工智能产业创新引领地的实施意见》

2023年11月3日，广东省人民政府印发《广东省人民政府关于加快建设通用人工智能产业创新引领地的实施意见》（以下简称"《意见》"）。《意见》聚焦广东通用人工智能产业创新发展，重点提出22条政策举措，要构建通用人工智能算力枢纽中心，强化通用人工智能技术创新能力，打造大湾区可信数据融合发展区、通用人工智能产业集聚区和通用人工智能创新生态圈，力争在算力、算法、数据、产业、生态等方面取得重大突破。《意见》指出，要加快推进"数字湾区"建设，到2025年，广东智能算力规模要实现全国第一、全球领先，通用人工智能技术创新体系较为完备，人工智能高水平应用场景进一步拓展，核心产业规模突破3000亿元，企业数量超2000家。

当前，越来越多城市加入"AI竞赛"，特别是2023年以来，我国各地人工智能专项政策出台密度明显提速，北京、上海、深圳等地积极布局人工智

能产业，出台政策竞跑"未来赛道"。例如，2023年5月，北京接连出台通用人工智能产业创新伙伴计划、促进通用人工智能创新发展的若干措施、加快建设具有全球影响力的人工智能创新策源地实施方案（2023—2025年）等三份人工智能相关文件，深圳于6月发布加快推动人工智能高质量发展高水平应用行动方案（2023—2024年），上海在2021年底发布了《上海市人工智能产业发展"十四五"规划》，2023年11月印发《推动人工智能大模型创新发展若干措施（2023—2025年）》。事实上，广东具备发展通用人工智能坚实的产业基础和丰富的科技创新资源，人工智能产业居于全国领先地位。2022年，全省人工智能核心产业规模达1500亿元，人工智能相关注册企业约17万家，核心企业900多家，居全国首位。根据启信宝发布的《中国人工智能产业图鉴》显示，2016年至2022年，全国人工智能相关企业从27.95万家增长至60.05万家，其中，2022年广东人工智能相关企业数量达13万家位居全国省份第一，江苏、北京、浙江、上海、山东企业数量超过3万家，与广东一同构成"前五"阵营。其中，从企业增长数量来看，2016年至2022年期间，广东、江苏、浙江三个省份的人工智能产业相关企业增长数量最为迅猛，新增数量分别为95701家、42560家、35009家。此外，从城市维度来看，深圳（42598家）、广州（29922家）、北京（21483家）三城的新增企业数量位居前三。根据该图鉴统计，从人工智能相关企业融资金额总量来看，北上深三城吸金实力强劲，分别斩获融资金额榜前三。其他进入前十的城市还包括杭州、南京、广州、天津、苏州、武汉和成都。在算力方面，中国信通院发布的《2023中国算力发展指数白皮书》显示，京津冀、长三角、粤港澳大湾区、成渝双城经济圈等区域算力发展水平处于领先。整体来看，广东、北京、上海及周边省份算力发展指数总体较高，其中广东、北京、江苏、浙江、山东、上海排名前六，位于第一梯队，算力发展指数达到40以上。在大模型研发应用领域，根据科技部新一代人工智能发展研究中心发布《中国人工智能大模型地图研究报告》显示，中国研发的大模型数量排名全球第二，仅次于美国；从国内大模型区域分布来看，北京、广东、浙江、上海处于第一梯队。本次《意见》的出台，对广东抢抓通用人工智能发展先机，充分发挥广东在算力基础设施、产业应用场景、数据要素等方面的优势，推进广东建设具有全球影响力的科技和产业创新高地具有重要意义。

十七、vivo发布旗下首款AI大模型手机

2023年11月13日晚，vivo X100系列正式发布。本次发布的vivo X100系列包括X100、X100 Pro两款机型。落地终端侧70亿参数大语言模型，跑通端侧130亿参数模型，使X100系列成为拥有智慧能力的AI大模型手机；以新一代自研影像芯片、更高标准的光学镜头模组带来更好的影像体验；与MediaTek联合研发新一代旗舰平台，实现CPU、GPU等多项性能突破此次vivo展示了一系列自研的"蓝科技"。蓝心大模型以人工智能来提升用户体验并开辟新赛道。vivo X100系列通过大参数AI算力的端侧部署与云端服务，全面覆盖核心应用场景。蓝心小V智慧助理功能，提供超能语义搜索、超能问答、超能写作、超能创图和超感智慧交互五大体验，让X100系列变为"智能体"。

智能手机加速迈进AI时代，国内华为、OPPO、vivo、荣耀、小米等品牌均加速大模型在手机端侧的落地，纷纷亮出手中新品，加速手机行业迈向AI新阶段。华为率先发布了内置AI大模型的华为Mate60系列手机，通过云端的亿级参数大模型算法掀起手机智能新时代。vivo发布的X100系列手机搭载自研蓝心大模型，跑通端侧130亿参数模型，是全球首个百亿大模型在终端调通的大模型手机。OPPO Find X7搭载了具备生成式AI能力的天玑9300旗舰平台，成为首款在端侧应用70亿参数大模型的AI手机。荣耀Magic6系列首发搭载荣耀自研70亿参数端侧平台级AI大模型"魔法大模型"，推出了AI深度智能的突破性操作系统MagicOS 8.0，开启了手机操作系统基于意图识别的人机交互新范式。魅族科技All in AI，将停止传统智能手机新项目，2024年将更新手机端操作系统，构建AI时代操作系统的基建能力，魅族首款AI Device硬件产品也将在2024年内正式发布。市场调研机构Canalys预计，2024年全球智能手机出货总量中，预计约5%会搭载端侧AI运算能力。国际数据公司IDC认为，2024年全球新一代AI手机出货量将达1.7亿部，占智能手机整体出货量的15%。中国市场AI手机份额也将迅速增长，到2027年占比将超过50%。

十八、我国进入"AMOLED+"时代：维信诺ViP AMOLED量产项目首片模组点亮

2023年12月15日，继5月首发OLED新技术后，国内面板厂商维信诺

15号宣布了最新进展：其自主研发的ViP AMOLED（Visionox intelligent Pixelization，简称ViP）量产项目首片模组于合肥点亮，标志着该技术已全线跑通量产工艺，向大规模量产更进一步。目前，OLED产业正从小尺寸向中大尺寸拓展的关键过渡期，另辟蹊径的无FMM（精细金属掩膜版）技术路线被寄予厚望，成为全球显示领域关注和追逐的热点。Omdia数据显示，随着苹果等头部客户的应用，AMOLED在中尺寸市场的出货量将从2024年起实现拐点式增长，成为AMOLED市场新的爆发点。由此可见，中尺寸领域将成为AMOLED全面崛起的关键"战场"。

业内专家也指出，当前AMOLED技术已在以智能手机为代表的中小尺寸应用领域取得成功，需进一步向其他中大尺寸应用领域扩展以获得更大"发展空间"。不过，中大尺寸领域对AMOLED屏幕的寿命、亮度、能耗等方面有着更高要求，而无FMM技术的出现，成为OLED行业更上一层楼的通关石。当前，AMOLED主流技术路线采用的是FMM蒸镀技术。FMM是用于AMOLED核心蒸镀制程的消耗性核心材料，直接决定着AMOLED显示屏的分辨率、显示效果、生产良率。当FMM技术从6代线"迁移"到高世代线时，如何避免FMM在蒸镀期间变形将是亟须攻克的关键点，而目前仍未有明确的解决方法。此外，业内人士表示，蒸镀工艺所需要的FMM供给资源十分有限，因此面板企业很容易受制于人。目前，全球在制备中大尺寸AMOLED面板时，采用的技术为WOLED和QD-OLED。有研究机构分析指出，受限于技术和成本，WOLED和QD-OLED技术都不会成为中尺寸笔记本电脑和平板电脑的开发方案，而FMM蒸镀技术主要用于G6及G6以下产线，并未在更高世代线上验证。

因此，寻找一条"既能规避FMM蒸镀路线束缚，又能适合向更高世代产线发展"的路线，成为来自OLED行业面向未来的呼唤。在这样的背景下，中国显示科技企业维信诺开始脱颖而出。2023年5月，当维信诺在2023世界超高清视频产业发展大会上全球首发维信诺智能像素化技术（Visionox intelligent Pixelization，简称ViP）时，迅速吸引了来自全球显示产业界的目光，而后，仅过去7个月时间，维信诺ViP AMOLED量产项目首片模组点亮。ViP技术通过半导体光刻工艺实现更精密的像素，显著提升产品性能，满足产品深度定制，实现全尺寸应用领域全覆盖。这就意味着，无论是应用于AR/VR、穿戴、手机显示，还是平板电脑、笔记本电脑、桌面显示、车载、电视等中大尺寸显示，ViP都将在细分市场，针对其特定的需求，发挥超越传统的优势，为终端客户及消费者带来全新视觉体验。

现如今，我国已是全球显示大国，显示行业的首要任务是高质量发展，跟着别人的脚步求创新已不能满足现阶段的发展需求。对于知识产权密集型的显示行业而言，ViP技术是中国企业在现代显示产业第一次提出完全自主的技术路线，在知识产权领域构建了较为完整的领先优势。另外，ViP技术与FMM技术路线相比，在供应链方面无特殊需求，比如无需新材料，对既有材料无新要求，在装备方面的复杂性要求下降。这项技术将成为我国OLED显示产业链实现完善和领先的关键推手。

十九、vivo印度CEO及多名员工被控金融犯罪遭印度警方逮捕

2023年12月24日，印度执法局（ED）以打击金融犯罪为名，对vivo印度分公司的高管进行了逮捕。这些高管包括首席执行官（CEO）、首席财务官（CFO）以及一名顾问。

由于受政治因素、民族主义、地方保护主义等因素影响，印度加强了对中国企业和投资的审查，近年来，包括vivo、OPPO、小米在内的中国厂商均受到印度相关部门调查，且遭到追缴税款、扣押资产、冻结银行账户等处罚，打压力度持续加大。早在此次事件之前，vivo在2022年7月就遭到印度执法局突击搜查，将vivo 119个印度相关银行账号封锁，冻结的总额达46.5亿卢比（约合人民币4亿元），相当于该公司一半左右的营收规模；2022年8月，印度税务情报局再次指控vivo涉嫌偷逃税款约20亿元；2023年6月，印度政府要求中国小米、OPPO、realme和vivo等智能手机制造商任命印度籍人士担任首席执行官、首席运营官、首席财务官和首席技术官等职位，还指示vivo等企业将合同制造工作委托给印度公司，开发有当地企业参与的制造流程，并通过当地经销商出口；2023年10月，印度执法局逮捕4名vivo印度分公司员工，其中包括1名中国公民；2023年12月，印度宣布对vivo的洗钱调查已经结束，认为vivo通过非法手段向境外转移了总计达6247.6亿印度卢比（约合637亿元人民币）的资金。OPPO于2021年年底遭遇印度税务局突击检查，被指存在多重税务问题，此后半年多时间里，OPPO等中资手机企业频繁遭遇印度政府不同部门的

税务调查；2022年7月，印度财政部发表声明称，OPPO逃避关税近439亿卢比（约合37亿元人民币），声明中建议对OPPO、OPPO印度公司及相关员工采取处罚；2023年7月，印度政府指控OPPO在2017年至2021年间，逃避关税价值达到了440.3亿卢比，要求OPPO补缴税款。小米方面，2023年6月13日，印度执法局发布文件称，指控中国手机厂商小米集团非法向国外转移资金，涉嫌违反该国《外汇管理法》。目前该局已经向小米在印度的分公司、公司负责人及三家银行发出正式通知。印度当局此前已经扣押了小米共555.1亿卢比资金（约合人民币48.2亿元），这也是印度当局迄今为止最大数额的扣押。

二十、联想正式发布全球首款商务AI PC

2023年12月27日，联想在北京正式发布了全球首款商务AI PC——ThinkPad X1 Carbon AI笔记本电脑。该款新品搭载英特尔最新发布的酷睿Ultra处理器，CPU+GPU+NPU三大AI引擎，能够更好地释放本地混合AI算力，高效智能地处理工作任务，为不同的AI工作负载提供更加灵活的解决方案。作为全球首款商务AI PC，在办公场景，ThinkPad X1 Carbon AI能够通过"知识管理、内容创作、办公服务、设备管理"四方面技术应用，帮助人们大幅提升工作效率。例如在知识管理方面，系统可以深度学习用户的浏览习惯和工作内容，逐步构建个性化知识库，快速提供用户急需的信息和数据。

生成式AI技术广泛应用表现出强大的创造性和场景适用性，引发了工作模式和生活方式的深刻变革。作为全场景生产力平台，AI PC具备强大的本地混合AI算力、足够大的数据存储能力、稳定安全的隐私保护等优势，成为AI普惠的首选终端。自2023年9月英特尔提出AI PC概念，正式启动业内首个AI PC加速计划以来，联想、三星、微软、谷歌等世界顶尖科技巨头，几乎全都朝着AI PC的方向前进。按联想集团副总裁、中国区首席市场官王传东的说法，2024年即将开启AI PC元年，一个全新的AI PC时代正在呼之欲出。AI PC作为全新产业生态，用户终端厂商等角色都在发生巨大变化，将打破目前PC市场需求低迷的局面。根据IDC预测，中国PC市场将因AI PC结束负增长，AI PC预计在中国市场很快完成渗透迭代，窗口期仅约2年。2023年AI PC（不含AI平板电脑）在中国市场渗透率为8%，2024年预期到55%，2025年预期到75%，未来两年国内AI PC市场将出现高速增长。

第十五章
主要研究机构预测性观点综述

第一节　国际电子商情：2024年电子行业
　　　　十大市场及应用趋势

全球半导体行业经历几年的低谷之后，到2024年终于将迎来新一轮的上升周期。国际电子商情（ESM-China）分析师团队，围绕生成式AI、加速计算、智能驾驶NOA、汽车芯片、宽禁带半导体、存储芯片、显示面板、脑机技术、卫星通信、芯片分销等热点议题或领域，做了2024年趋势分析与市场展望。

一、生成式AI高速发展，进一步走向边缘

2023年无疑是以ChatGPT、Stable Diffusion为代表的生成式AI火爆的一年，谷歌这个搜索巨擘甚至都因为GPT大模型的大规模应用，感受到了前所未见的"白色恐怖"。包括Meta、百度、微软、阿里等在内的诸多行业巨头，都在争先恐后地推属于自己的大模型，各路大算力AI芯片企业在2023年都调转了市场宣传方向，主动强调芯片在生成式AI模型大规模训练或推理方面的能力。让生成式AI写代码、做设计、创造生产力，都在2023年上演了一幕又一幕的奇迹。甚至借助于生成式AI对话，在不写一行代码的情况下，就由生成式AI完成芯片设计数字前端的大量工作。在2023年的英伟达GTC秋季开发者大会上，黄仁勋演示了"给生成式AI一份工厂的2D图纸PDF文档"，生成式AI在很短的时间内就交付整个工厂物理级精准的（physically accurate）数字孪生。

国际电子商情认为，未来的生成式AI市场价值走向，绝不会是ChatGPT面向大众收取服务费用的模式。例如芯片设计、数字孪生构建这样的前期展

示，生成式AI走进不同行业、走向垂直细分市场，才是其创造价值的方向。2023年就已经有部分企业开始推出企业级的生成式AI解决方案和服务，2024年会是这一模式发展的关键。除了AI技术研究以外，垂直市场的生成式AI应用，也意味着生成式AI绝不只是跑在云上，而是持续走向边缘——尤其对模型有更多fine-tuning（微调）和基于市场的定制需求时，设计、建筑、科研、医疗、制造等领域都将因生成式AI得到深刻变革。不只是企业边缘或数据中心边缘，生成式AI推理还会在更多的端侧设备：比如说PC、手机甚至嵌入式应用上，都将发挥越来越重要的作用。如Intel即将大面积推广的AI PC概念，联发科也为手机AP SoC特别加入了生成式AI加速引擎。总之，不同位置的市场参与者都正跃跃欲试，准备在生成式AI新时代分一杯羹。

二、加速计算持续渗透到各行各业

尤以数据中心加速计算需求的逐步增加为外在表现，CPU这类通用处理器在系统架构中的地位已经不像过去那么绝对。2023年能够佐证这一命题的最佳论据，是这一年的Q2-Q3自然季度，英伟达的季度营收首次超过了Intel（英伟达FY2024 Q2 VS. Intel FY2023 Q2）——虽然这番对比可能和AI的高速发展有关，而且从企业层面来看，这一季乃是近些年来Intel的低谷，也是英伟达的高峰。

此前，ARK Investment预测，2020—2030年的10年间，包括GPU、ASIC、FPGA等在内的加速器，在数据中心服务器内的价值会以21%的CAGR（年复合增长率）增长。到2030年，加速器市场价值会达到410亿美元，CPU则为270亿美元。换句话说，加速器显著压缩了CPU的市场空间。这也是当前Intel、Arm为代表的传统CPU巨头，正努力推动XPU异构策略的原因。如果要说垂直细分市场，仍以半导体行业为例：目前，半导体制造Foundry厂的数据中心的算力供给仍以CPU为主。但实际上，半导体制造的某些工作，比如OPC成像（image formation）需要大量矩阵乘运算——这些工作很适合GPU或其他加速器去推进。

2023年的英伟达开发者大会上，英伟达面向光刻这一步骤特别发布了cuLitho加速库，真正让GPU参与到计算中来，其性能与能效比传统通用计算处理器提升了数十倍。据说只需500台包含GPU加速的服务器，就能够完成过去4万台CPU服务器才能完成的工作，数据中心空间占用是以前的1/8，功耗则是以前的1/9。

随着摩尔定律的放缓，制造工艺获得的性能和能效红利逐渐不及半导体技术最早发展的那些年亮眼，但社会数字化转型、节能减碳大趋势仍然要求性能与能效进一步提升。满足市场需求的，一定是通用计算之外的加速计算。实际上，AI技术在各行各业的落地，本质上就是加速计算发展的一种形式和表现。超级计算机市场很快就要被加速器占领，模拟仿真、数字孪生、量子计算这些HPC应用都已经开始大范围应用加速计算；而广义上，超算属于数据中心的一部分——社会与生活的数字化转型会将加速计算持续应用到各行各业。

三、自动辅助导航驾驶群雄逐鹿

自动辅助导航驾驶（NOA），也常被业界称为"领航辅助驾驶"或"高阶智能驾驶"，其本质是把导航和辅助驾驶相结合，是一种基于车辆传感器和高精度地图数据的自动驾驶辅助系统，旨在帮助驾驶员在高速公路及城市道路中更加安全、高效地行驶。按应用场景分，NOA主要可分为高速NOA和城市NOA。当前，高速NOA已实现规模落地，城市NOA正进入快速推进阶段。在2023年1—9月，中国乘用车高速NOA渗透率为6.7%，同比增加2.5个百分点；城市NOA渗透率为4.8%，同比增加2.0个百分点。2023年全年，高速NOA渗透率接近10.0%，城市NOA超过6.0%。

中国NOA的发展始于2019年特斯拉向中国用户推送了NOA功能，随后理想、蔚来、小鹏等新势力也纷纷入局，推出高速领航辅助功能。高速NOA逐渐成为各家车企品牌追逐的"标配"功能，感知、规控算法以及产品功能定义成为各家品牌车型NOA功能体验优劣的关键。而从2023年开始，"重感知、轻地图"的呼声越来越高，中国本土厂商主要基于BEV+Transformer技术，对系统感知能力进行优化和升级，以减少对高精地图的依赖，从而降低成本、推动城市NOA的快速落地，这也使得城市NOA功能落地与否成为判定车企品牌智驾发展水平的重要标准，因此头部车企以及供应商纷纷开始加码布局。

但全场景多元化，特别是中国复杂的交通路况给城市NOA的发展带来了挑战，参与企业不但需要具备应对复杂场景的算法逻辑方案，同时还要考虑大模型、多模态数据、自动化标注、智算中心等新技术。总体而言，NOA仍然处于消费市场导入前期，短期内还无法达到商业化成熟，本土车企仍需要在功能发展的同时，对用户进行充分正确的引导与教育。

四、关键应用牵引，宽禁带半导体应用多点开花

当半导体行业正逐步进入后摩尔时代，宽禁带半导体走上历史舞台，被视为"换道超车"的重要领域。预计在2024年，以碳化硅（SiC）、氮化镓（GaN）为代表的宽禁带半导体材料将继续在通信、新能源汽车、高铁、卫星通信、航空航天等场景中应用，并在全球应用市场实现快速上量。碳化硅（SiC）器件最大应用市场在新能源汽车，有望开启百亿级市场。碳化硅衬底的使用极限性能优于硅衬底，可以满足高温、高压、高频、大功率等条件下的应用需求，当前碳化硅衬底已应用于射频器件（如5G、国防等）及功率器件（如新能源等）。而2024年将是SiC的扩产大年。Wolfspeed、博世、罗姆、英飞凌、东芝等IDM厂商已宣布加速扩产，相信2024年SiC产量将提高至少3倍。氮化镓（GaN）电力电子产品在快充领域已经规模应用，接下来需要进一步提高工作电压及可靠性、需要持续往高功率密度、高频与高集成方向发展，并进一步拓展应用领域。具体来说，消费电子、汽车应用、数据中心以及工业和电动汽车的使用不断增加，将推动GaN产业增长超过60亿美元。

氧化镓（Ga_2O_3）商业化脚步渐近，特别是在电动汽车、电网系统、航空航天等领域。相比于前两者，Ga_2O_3单晶的制备可透过类似于硅单晶的熔融生长法来完成，因此拥有较大的降本潜力。同时，近年来，基于氧化镓材料的肖特基二极管与晶体管在结构设计、制程等方面取得了突破性的进展，有理由相信，2024年将迎来首批肖特基二极管产品投放市场。

五、存储芯片有望摆脱低迷行情

因生成式AI普及带动相关半导体产品需求急增，2024年全球半导体市场有望迎来复苏。尤其是存储芯片，预计2024年销售额将达到1297.68亿美元，增幅高达44.8%，成为推升半导体市场营收成长的主要动能。智能手机、PC和服务器是存储芯片的三大主流应用领域，随着生成式AI技术和ChatGPT大语言

模型的发展，存储应用正逐步多元化，在人工智能更贴近生活的同时也催生出更多的AI存储应用，给存储应用企业带来更多的发展动力。

存储行业自2023年Q4起，DRAM与NAND Flash均价就开始出现全面上涨的趋势。针对2023年Q4存储的市场表现，ESM-China认为，DRAM的合约价涨幅控制在个位数，Nand Flash的合约价最高可到双位数，预计存储器的整体涨势会延续到2024年上半年。在HBM方面，考虑到与传统服务器相比，AI服务器使用的内存至少多出1～8倍，以实现更快的计算处理，并采用HBM3和DDR5 DRAM等高性能内存产品，这不仅会推动需求，而且对盈利能力产生了积极影响。对此，全球HBM大厂纷纷计划于2024年将HBM芯片产量提高一倍，并减少其他类别存储芯片的投资，尤其是库存水平较高、盈利能力差的NAND。

除了涨价、AI应用之外，终端需求的复苏也很有可能加速推动存储的发展。尤其是随着网通设备、安防监控、大数据、物联网、PC、工业、医疗和汽车等领域的快速发展，为存储产业创造了广阔的机会，市场需求前景良好。

六、中国车规芯片"转向高端"成新课题

汽车芯片对可靠性、稳定性要求极其严苛，其芯片认证一般要耗费3～5年时间，对芯片厂商来说无疑是巨大的成本投入。在早些年，本土芯片企业量产车规级芯片，还算是相当新鲜的"新闻事件"。近年来，随着通过车规认证的企业越来越多，本土车规级芯片"扎堆"上车的趋势日益凸显。2018年前后，在中国有很多企业宣布进军车规芯片赛道——既包括初创汽车芯片企业，也包括转向车规芯片赛道的半导体企业。如今，这些企业纷纷晒出"成绩单"。直至2023年12月，中国企业已在ISO 26262 ASIL-D认证（针对全部汽车产业链企业，按严格程度依次划分为A、B、C、D等级）方面获得多项突破，包括"首个通过ASIL-D认证的操作系统内核""首个ASIL-D认证的MCU在底盘域上车""首个ASIL-D认证的IP发布"等。

虽然车规芯片比普通芯片投入成本大，但是汽车芯片赛道庞大的市场机遇在不断吸引新进者。ESM-China综合数据显示：预计到2028年，全球新能源汽车销量将突破3000万辆，中国新能源汽车销量将突破1000万辆。届时，每

辆汽车的半导体芯片价值约为900～1000美元，随着未来汽车的半导体含量将更高，新能源汽车的渗透率也会再提升。仅在中国市场，汽车芯片就有庞大的机会。具体来看，汽车芯片可按功能分为控制类（MCU和AI芯片）、功率类、传感器和其他（如存储器）类；按应用可分为汽车动力总成系统、高级驾驶辅助系统（ADAS）、信息娱乐系统、车身电子稳定系统等。应用在不同系统里的汽车芯片，也有不同的质量要求和标准规定。比如，尾灯等零件需符合ASIL-A，灯和刹车灯要求符合ASIL-B，巡航控制一般要求满足ASIL-C，与安全保障相关的安全气囊、防抱死刹车、动力转向系统要求满足ASIL-D。

以中国车规MCU芯片厂商为例，这些厂商一般会从车身控制切入，再进一步往域控、发动机控制和动力总成MCU产品方向发展。所以，目前已经量产的本土车规级MCU，主要集中在中低端应用方面，涉及中高端应用的量产产品还不多。因此，未来如何转向高端应用将是中国车规MCU企业思考的课题。目前，兆易创新、中颖电子、灵动股份、小华半导体等，在车规级MCU方面有布局。值得注意的是，随着中国车规芯片的量产需求加大，许多提供车规认证服务的企业，以及助力车规级芯片测试的企业，也正加大自己在中国汽车市场的布局。同时，提供加快车规芯片上市时间、缩短验证周期的服务也在增加。

七、显示行业复苏，多点需求开花

在经历价格持续波动以及"动态控产"影响后，显示行业有望2024年复苏。

在智能手机市场，预计2024年出货量或同比出现小幅增长，尤其新兴市场的复苏更明显。在应用面板方面，预计2024年中国品牌可折叠手机显示面板需求（不含副屏）有望超过1400万块，其中中国厂商将为本土客户供货超过92.8%。

在个人电脑市场，随着2023年第4季度个人电脑市场开始复苏，2024年IT面板需求有望实现增长。继在手机市场不断渗透后，IT市场正成为OLED面板的重点战场。如2024年苹果有望将更轻薄的混合OLED面板引入到下一代iPad Pro。为了进一步向IT面板市场渗透，各大面板厂商频频布局，三星宣布已启动G8.7新厂投资计划，京东方规划B16、JDI重点发展eLEAP技术等。

在TV面板市场，受大型体育赛事的召开等因素影响，2024年TV面板需求有望加速恢复。据预测，2024年全球电视整机出货量或微增超过一点一个百分点。2024年OLED电视及Mini LED背光电视出货均有望走出谷底。不过，亦有观点认为，2024年白牌增长受阻，或阻碍全球电视整机出货量增长。此外，若外部环境再度恶化，不排除2024电视整机出货量仍存在衰退可能。

在车载面板方面，随着全球出货量不断增长，该市场规模方面有望在2024年超过百亿美元。随着需求持续升温，OLED面板在车载市场的应用占比也在持续提高。有分析认为，到2027年，车载OLED将增加到400万台左右。若按照销售额占比计算，2027年OLED将达17%。不过，OLED技术在车载领域仍存在一定挑战。天马微指出，OLED技术在车载显示领域的应用还面临着车规级稳定性、寿命等考验，尚需一定时间的沉淀。

八、2024年脑机技术或将进入应用阶段

马斯克旗下的脑机接口（BCI）公司Neuralink希望利用大脑植入物让瘫痪人士恢复运动能力，目前正在准备首次人体试验，处于最前沿的Neuralink的脑机接口技术已经获得了重大突破：找到了高效实现脑机接口的方法。此外，加州大学旧金山分校（UCSF）的脑机接口技术研究团队首次证明了可以从大脑活动中提取人类说出某个词汇的深层含义。中国的"脑计划"也在全面开展推进中。

2024年，脑机接口技术将进入新的发展阶段，具体来说：一是非侵入式脑机接口技术可能会通过更高分辨率的脑波成像技术和更强大的信号处理算法来提升性能。二是随着无线和可穿戴设备的发展，脑机接口设备可能会变得更加便携，用户体验更加友好。三是随着人工智能和机器学习技术的发展，更先进的算法将用于处理和解析脑电信号，从而提高脑机接口的性能；更多的脑机接口设备也将集成AI。四是脑机接口技术可能会在治疗和康复领域得到更广泛的应用，例如帮助中风或瘫痪患者恢复运动能力。五是相关的伦理和法规将被讨论和出台。

在高端科技领域，脑机接口是中国最有可能迎头赶上甚至"直线超车"的领域之一。目前来看，由于只涉及成熟半导体工艺，在脑机接口核心器件的设计方面，中国并不落后，也不存在"卡脖子"的问题。不过，人工智能

方面及算力可能是中国脑机技术发展需要突破的地方。而且中国对脑机接口技术的重视程度不亚于发达国家，近两年已经将此技术上升为国家战略。中国的"脑计划"，即"脑科学与类脑研究"，作为"科技创新2030重大项目"即将全面启动。随着该计划的推进，脑认知原理解析、认知障碍相关重大脑疾病发病机理与干预技术研究、类脑计算与脑机智能技术及应用、儿童青少年脑智发育研究、技术平台建设等都将取得不小的进展。其中，脑机接口作为底层核心技术，关乎中国"脑计划"几乎所有关键内容。

九、手机卫星通信受追捧，产业成长性可期

继2022年推出Mate50支持卫星单向短报文，2023年上半年推出P60支持卫星双向长信息后，2023年8月华为又推出全球首款直连卫星通讯的Mate 60 Pro，再度让手机卫星通信受到关注。同时，荣耀、小米、苹果等手机品牌也开始相关布局和投入。据有关报告断言，传统手持电话用户将持续缩减，而卫星直连通讯市场的用户数量将在2032年增加到1.3亿左右。2022年12月，3GPP已针对卫星与5G新空口（NR）技术一体化开展研究，并将该一体化技术命名为"非地面网络（NTN）"。3GPP对卫星通信的重视程度提升，对整个卫星通信行业影响深远，各家卫星通信运营商纷纷寻求卫星通信与地面蜂窝网络融合的市场机遇。据预测，到2030年，全球非地面网络移动连接数预计将达到1.75亿，全球卫星服务的年度市场规模将超过1200亿美元。

另华为资料显示，卫星通信等非地面通信技术有利于包容性世界的构建以及低成本使能新应用。非地面与地面通信系统的一体化，将直接实现全球的3D式覆盖，不仅能在全球范围内提供宽带物联网（为偏远地区提供与蜂窝网络数据速率相近的宽带连接服务。例如，用户数据下载速率达到5 Mbit/s，上传速率达到500 kbit/s）和广域物联网服务，还将支持精确增强定位导航（自动驾驶导航、精准农业导航、机械施工导航、高精度用户定位）、实时地球观测（可延伸到更多场景中，如实时交通调度、民用实时遥感地图、结合高分辨率遥感定位技术的高精导航、快速灾害应对）等新功能。

除了卫星通讯市场外，物联网市场也将迎来新增长机会。由于创新者提供的卫星物联网解决方案的可访问性增加，未来十年物联网设备预计将增加两倍。卫星蜂窝物联网将作为物联网领域新的增长点，预计到2032年，其

可寻址市场将达到106亿台。此外，2031年全球卫星物联网将主要依靠低轨小卫星展开服务，卫星物联网终端2021—2031年复合增长率或达到26%；市场规模方面，合计卫星物联网市场未来十年复合增长率达到11%，突破30亿美元。

十、分销商聚焦"内外兼顾"策略

在经历了2022年的企业营收增速放缓，2023年的需求端持续遇冷之后，预计到2024年，随着全球半导体整体回暖，分销市场也会展现积极的一面。截至2023年年底，业内已经有多家分析机构表示，看好2024年全球半导体市场的表现。综合多家机构的数据，可以推出2024年全球半导体收入在6000亿美元左右，其YoY+%将达到双位数。在此背景下，分销市场也将有更好的表现。当然，这一切需要建立在没有"黑天鹅"事件的基础上。

值得注意的是，芯片分销市场"向好"的迹象，在2023年下半年就已显现。虽然从整体上看，许多分销商2023年的营收都不理想，但是通过观察上市分销商2023年的季报，尤其是大中华区的上市分销商，从第三季度开始出现了同比上升的趋势，这在一定程度上收窄了其2023年的跌幅。ESM-China认为，2023年分销行业整体表现不佳已成事实，预计2024年在供需两端同时发力的情况下，分销行业会迎来新的上升周期。至于该周期能持续多久，主要看需求端的复苏有多强劲。同时，地缘政治也影响着半导体市场的格局。随着各国/地区不断加强本土半导体产业链建设，分销行业也会迎来一些新的变化。在各种因素的综合影响下，我们看到全球分销商在坚持两条策略。

大型跨国分销商在深耕本土市场，在持续提供国际品牌的同时，也加强了与本土芯片原厂之间的合作；中国分销商则在加快"出海"布局，在海外市场加大对中国芯片的输出，在中国市场进一步完善对国际品牌的供应。预计2024年，更多的分销商将施行这种"内外兼顾"的策略。

第二节　Gartner：2024年十大战略技术趋势

市场研究机构Gartner发布了2024年重要技术趋势报告，介绍了2024年十大重要战略技术趋势，每项趋势的优势、用例、蕴含的机遇，以及为了实施这些技术，企业应当采取的关键措施。

一、全民化的生成式AI

生成式AI（Generative AI）通过各种数据进行大规模预训练模型、云计算和开源的融合，将技术变得民主化。使得没有专业技术背景的工作人员，通过文本问答方式，就能创建文本、视频、代码、图片、音频等内容，成为近10年最具颠覆的技术之一。Gartner预测，到2026年，超过80%的企业将在生产环境中使用生成式AI API/模型和支持生成式AI的应用程序，而2023年这一比例还不到5%。

Gartner认为在整个组织中推广生成式AI的使用，将极大提升自动化范围，有效提升生产力、降低成本、拉动新的业务增长机会；生成式AI有能力，改变几乎所有企业的竞争方式和工作方式；生成式AI有助于信息和技能的民主化，将在广泛的角色和业务中得到推广应用；通过生成式AI的自然文本模式，可使员工、用户高效利用企业内部、外部海量数据。

对于如何开始应用生成式AIGartner给出了三个建议：一是基于技术可行性和商业价值，创建一个优先的生成式AI应用案例矩阵，并清楚地规划出对这些应用案例进行试点、部署和生产的时间框架；二是采用一种变革管理方式，优先为员工提供使用生成式AI工具的知识，使他们能够安全自信地使用，并将其融入员工的日常工作中，成为业务自动化的助手；三是构建一个快速获利、差异化和变革性的生成式AI用例组合，并用硬性投资回报率来测试这个组合，以查看生成式AI对企业的财务收益帮助同时可打造竞争优势。

二、AI信任、风险和安全管理

AI的全民化使得对AI信任、风险和安全管理（TRiSM）的需求变得更加迫切和明确。在没有护栏的情况下，AI模型可能会迅速产生脱离控制的多重负面效应，抵消AI所带来的一切正面绩效和社会收益。AI TRiSM提供用于模型运维（ModelOps）、主动数据保护、AI特定安全、模型监控（包括对数据漂移、模型漂移和/或意外结果的监控）以及第三方模型和应用输入与输出风险控制的工具。Gartner预测，到2026年，采用AI TRiSM控制措施的企业将通过筛除多达80%的错误和非法信息来提高决策的准确性。

三、AI增强开发

AI增强开发指使用生成式AI、机器学习等AI技术协助软件工程师进行应用设计、编码和测试。AI辅助软件工程提高了开发人员的生产力，使开发团队能够满足业务运营对软件日益增长的需求。这些融入了AI的开发工具能够减少软件工程师编写代码的时间，使他们有更多的时间开展更具战略意义的活动，比如设计和组合具有吸引力的业务应用等。

四、智能应用

Gartner将智能应用中的"智能"定义为自主做出适当响应的习得性适应能力。在许多用例中，这种智能被用于更好地增强工作或提高工作的自动化程度。作为一种基础能力，应用中的智能包含各种基于AI的服务，如机器学习、向量存储和连接数据等。因此，智能应用能够提供不断适应用户的体验。目前已存在对智能应用的明确需求。在2023年Gartner对首席执行官（CEO）和业务高管调查中，26%的CEO认为对企业机构破坏力最大的风险是人才短缺。吸引和留住人才是CEO在人力资源方面的首要任务，而AI被认为是未来三年对他们所在行业影响最大的技术。

五、增强型互联员工队伍

增强型互联员工队伍（ACWF）是一种优化员工价值的战略。加速并扩大人才规模的需求推动了ACWF的发展趋势。ACWF使用智能应用和员工队伍分析提供助力员工队伍体验、福祉和自身技能发展的日常环境与指导。同时，ACWF还能为关键的利益相关方带来业务成果和积极影响。到2027年底，25%的首席信息官（CIO）将使用增强型互联员工队伍计划将关键岗位的胜任时间缩短50%。

六、持续威胁暴露管理

持续威胁暴露管理（CTEM）是一种使企业机构能够持续而统一地评估企业数字与物理资产可访问性、暴露情况和可利用性的务实系统性方法。根据威胁载体或业务项目（而非基础设施组件）调整CTEM评估和修复范围不仅能发现漏洞，还能发现无法修补的威胁。Gartner预测，到2026年，根据CTEM计划确定安全投资优先级别的企业机构将减少三分之二的漏洞。

七、机器客户

机器客户（也被称为"客户机器人"）是一种可以自主协商并购买商品和服务以换取报酬的非人类经济行为体。到2028年，将有150亿台联网产品具备成为客户的潜力，这一数字还将在之后的几年增加数十亿。到2030年，该增长趋势将带来数万亿美元的收入，其重要性最终将超过数字商务的出现。在战略上应考虑为这些算法和设备提供便利乃至创造新型客户机器人的机会等。

八、可持续技术

可持续技术是一个数字解决方案框架，其用途是实现能够支持长期生态平衡与人权的环境、社会和治理（ESG）成果。AI、加密货币、物联网、云计算等技术的使用正在引发人们对相关能源消耗与环境影响的关注。因此，提高使用IT时的效率、循环性与可持续性变得更加重要。

九、平台工程

平台工程是构建和运营自助式内部开发平台的一门学科。每个平台都是一个由专门的产品团队创建和维护并通过与工具和流程对接来支持用户需求的层。平台工程的目标是优化生产力和用户体验并加快业务价值的实现。

十、行业云平台

Gartner预测，到2027年，将有超过70%的企业使用行业云平台（ICP）加速其业务计划，而2023年的这一比例还不到15%。ICP通过可组合功能将底层SaaS、PaaS和IaaS服务整合成全套产品，推动与行业相关的业务成果。这些功能通常包括行业数据编织、打包业务功能库、组合工具和其他平台创新功能。ICP是专为特定行业量身定制的云方案，可进一步满足企业机构的需求。

第三节　Canalys：2024年全球科技行业十大趋势

Canalys发布2024年全球科技行业十大趋势，对人工智能（AI）、芯片、终端设备、市场状况近两年的发展进行预测。该机构认为，2023年技术行业迎来了新的挑战，通货膨胀、利率上升以及地缘政治接二连三地给全球经济施加压力，客户IT预算不断缩减。尽管如此，生成式AI的出现已经是一场范式转变，改变了IT战略的重心，并为渠道创造了新的重要机遇。

一、2026年，多数软件和硬件产品将集成生成式AI且不收取任何额外费用

生成式AI目前处于早期阶段，但预计到2028年将增长至1580亿美元。未来18个月内，AI服务和AI软件开发将成为主要收入来源，广泛嵌入各行业和产品中。到2026年，大多数软硬件产品将具备生成式AI功能，且不向消费者额外收费。

二、端侧AI人才短缺，多数软件公司在集成AI功能方面较为落后，70%的芯片性能将处于待开发状态

2023年，生成式AI领域取得显著进展，厂商将继续投资，特别是在硬件方面有望实现巨大突破。预计到2025年，将推出性能超过100 TOPS的专用人工智能芯片。然而，Canalys预测，由于人才短缺，这些芯片的性能将有70%无法得到充分发挥，尤其在高性能、低功耗的模型优化、神经架构搜索以及为边缘设备调优的领域。

三、2026年，前20台超级计算机中，将有15台为企业所有

2023年见证了算力竞赛的加速。如今，排名前20的强大超级计算机中只有6台属于企业，但Canalys预测，在未来两年内，平衡将被打破，到2026年，前20台最强大的超级计算机中的75%，即15台将由企业拥有并运营。

四、2026年，1/4的代码将由非正式编程培训的个人生成

生成式AI目前最明显的优势之一是编写代码的能力。Canalys调查显示，到2024年，40%的渠道伙伴计划选择性招聘，重点寻找能够为多家公司编程的人才。随着LLM模型变得更直观，未来将有1/4的代码由未经正规编程培训的个人生成。AI预计将引领无代码构建的新浪潮。

五、Apple Vision Pro将在发布后至少12个月内持续缺货

谷歌眼镜和Meta Quest并没有受到广泛欢迎，再次证明首批进入市场的产品不一定成功。苹果重新定义XR产品，关注功能性体验而非AR或VR，注重消费者体验和实用性。最新调查显示，54.4%的苹果产品经销商计划明年销售Vision Pro，这可能导致产品发布后至少12个月或更长时间的供不应求。

六、2026年，40%生成式AI模型将受国家管控的影响

纵观2023年全年，生成式AI的生产力效益是显而易见的。但是，随着这些模型变得更加复杂并以更优化的方式训练，网络安全也成了一个必须考虑的重要因素。不法分子将发起干扰和病毒攻击，访问驱动这些模型的敏感训练数据。对AI性能和输出的信任受到威胁，这催生了一批网络安全初创公司。他们将能提供实时监控AI资产的服务，实时发现威胁、验证数据并保护资产。

七、美国渠道将从2024年4月开始恢复增长

在2024年，追求效率仍将是主题，对于渠道伙伴和厂商都是如此。厂商正在调整市场扩张策略，更加注重渠道。随着科技巨头逐渐改善（2023年第三季度增长3%），Canalys预计到2024年4月，渠道伙伴将再次成为整体增长

的主要推动力。

八、2024年，AI领域的初创企业将提供实时监控AI资产的服务，以保护AI的性能和输出的可信度

九、2024年，预计中国将成为全球最大的AI市场，占全球AI支出的40%

中国是全球前三大智能手机市场中AI兴趣倾向最强的市场，在全球前三大智能手机市场中国、印度、美国中，具有"高"到"极高"AI兴趣倾向的消费者占比最高，分别达到31%和12%，仅1%消费者对AI毫无兴趣。中国头部品牌荣耀、OPPO、vivo等作为先锋厂商，自2023年陆续全部入局AI赛道，制定并公布了其AI战略，作为行业先锋引领着中国AI手机市场的发展。同时，中国消费者在调查中展现出了对新技术更开放的态度，厂商在中国更先进的AI消费者教育及营销投入对此有所贡献，为AI手机在中国市场的发展培育了更优质的土壤，预计将带动中国成为全球最大的AI市场。

十、2024年，AI在医疗保健、零售和制造业等行业的应用将迅速增长，为这些行业带来巨大的创新和效益

AI在医药行业方面的应用，尤其是扩展传统生物制药研发流程，AI技术将辅助从药物发现到临床试验诸多方面，这标志着AI在整个医药产业研发和验证方面将带动根本性变革。在临床诊疗流程方面，GPT-AI将广泛用于解决一般医疗咨询和健康管理问题，包括主动健康监测，将非结构化数据转换为可视化见解；预测疾病进展，更好地识别高危患者/人群。在解决医护人员资源短缺方面，GPT-AI驱动的聊天机器人已经进入了医院规划日程，全球医疗卫生人力资源短缺问题亟须可扩展的解决方案——GPT-AI驱动的聊天机器人，将补充和辅助人类医护人员管理患者。总之，2024年被视为医疗和保健行业AI关键年，GPT-AI将在各个领域继续验证和应用，最终将和人类医护人员一起，为患者提供全面的、高质量的医疗健康服务。

附　录

附表1
2021—2023年广东省新一代
电子信息产业主要经济指标表

主要指标	2021年				2022年				2023年			
	完成额（亿元）	同比增速（%）	占全省规上工业比重（%）	占全国电子信息制造业比重（%）	完成额（亿元）	同比增速（%）	占全省规上工业比重（%）	占全国电子信息制造业比重（%）	完成额（亿元）	同比增速（%）	占全省规上工业比重（%）	占全国电子信息制造业比重（%）
销售产值	43394.71	3.5	26.4	–	44371.66	0.7	23.6	–	44867.68	-0.4	25.0	–
工业增加值	9174.97	5.0	24.5	–	9470.34	1.1	25.2	–	9637.61	3.6	23.4	–
出口交货值	19433.50	6.9	51.7	29.4	19810.01	1.8	51.3	29.7	18690.55	-8.1	51.5	30
营业收入	45616.56	4.6	26.7	32.3	46682.75	0.9	26.0	30.2	47124.16	-0.6	25.4	31.2
营业成本	37250.06	3.1	26.4	30.7	38632.96	2.2	25.5	30.6	38442.85	-2.2	24.8	29.3
利润总额	3119.52	35.2	28.5	37.7	2009.04	-36.3	21.2	27.2	2758.01	37.8	26.1	43.0

数据来源：广东省统计局、国家统计局，广东省电子信息行业协会整理。

附表2
2021—2023年广东省新一代电子信息产业主要产品产量情况表

产品名称	单位	2021年产量（累计）	同比增速（%）	2022年产量（累计）	同比增速（%）	2023年产量（累计）	同比增速（%）
程控交换机	万线	591.11	−7.3	829.71	48.7	447.74	−46.0
其中：数字程控交换机	万线	586.60	−5.9	825.34	49.1	444.59	−46.1
电话单机	万部	4758.81	−12.2	3730.57	−21.2	2767.48	−19.6
移动通信手持机（手机）	万部	66965.36	13.2	62690.03	−6.4	64944.24	7.0
电子计算机整机	万台	6856.65	−15.0	8085.15	7.5	8158.15	−6.7
微型计算机设备	万台	5935.41	−21.5	6948.85	6.4	7335.00	−3.2
其中：笔记本计算机	万台	1627.59	0.0	1268.07	−30.3	1110.37	−13.8
彩色电视机	万台	9810.91	7.6	516.87	−11.7	685.74	23.8
其中：液晶电视机	万台	9655.35	7.2	5468.47	−16.3	6655.70	17.9
智能电视机	万台	7418.27	−3.4	5263.24	−16.3	6302.71	17.5
电子元件	亿只	37632.94	19.3	16.42	−11.4	16.72	13.8
光电子器件	亿只	6559.18	25.6	10.79	−5.9	8.59	−8.2
其中：发光二极管（LED）	亿只	6310.00	25.9	28035.42	−25.4	30543.85	9.0
液晶显示屏	亿片	17.17	5.5	10792.02	11.5	11060.05	1.2
液晶显示模组	亿套	11.04	−7.6	10724.17	12.6	10955.11	1.0
集成电路	亿块	539.39	30.3	7957.95	7.7	8709.28	9.5
数字激光音、视盘机	万台	572.78	−47.4	351.82	−38.9	296.85	−25.0

（续表）

产品名称	单位	2021年产量（累计）	同比增速（%）	2022年产量（累计）	同比增速（%）	2023年产量（累计）	同比增速（%）
组合音响	万台	17252.45	14.2	15545.19	−10.3	13577.22	−14.5
半导体存储器播放器（含MP3、MP4）	万个	460.01	1.2	444.62	−9.7	459.52	2.6
锂离子电池	亿只	60.84	19.1	63.87	1.5	69.31	2.7

数据来源：广东省统计局，广东省电子信息行业协会整理。

附表3
广东企业入围2023年世界500强企业名单

排名	企业名称	营业收入（亿美元）	属地
33	中国平安保险（集团）股份有限公司	1815.66	深圳
83	中国南方电网有限责任公司	1136.74	广州
111	华为投资控股有限公司*	954.9	深圳
124	正威国际集团有限公司	904.98	深圳
147	腾讯控股有限公司	824.4	深圳
165	广州汽车工业集团有限公司	773.45	广州
173	万科企业股份有限公司	749.01	深圳
179	招商银行股份有限公司	723.17	深圳
206	碧桂园控股有限公司	639.79	佛山
212	比亚迪股份有限公司	630.41	深圳
278	美的集团股份有限公司	513.93	佛山
377	顺丰控股股份有限公司	397.65	深圳
380	广州市建筑集团有限公司	392.58	广州
391	深圳市投资控股有限公司	378.88	深圳
414	广州工业投资控股集团股份有限公司	365.89	广州
426	广州医药集团有限公司	353.83	广州

（续表）

排名	企业名称	营业收入 （亿美元）	属地
427	广东省广新控股集团有限公司	353.68	广州
479	立讯精密工业股份有限公司*	318.17	深圳

数据来源：美国《财富》杂志发布的2023年世界500强榜单，广东入围企业共有18家（电子信息领域企业共有2家，标注*），比2022年少一家，广东省电子信息行业协会整理。

附表4
广东企业入围2023年中国企业500强企业名单

排名	企业名称	营业收入（亿元）	属地
8	中国平安保险（集团）股份有限公司	12181.84	深圳
23	中国华润有限公司	8182.65	深圳
25	中国南方电网有限责任公司	7646.58	广州
32	华为投资控股有限公司*	6423.38	深圳
37	正威国际集团有限公司	6087.6	深圳
44	腾讯控股有限公司	5545.52	深圳
49	广州汽车工业集团有限公司	5202.8	广州
54	万科企业股份有限公司	5038.39	深圳
56	招商银行股份有限公司	4890.25	深圳
63	碧桂园控股有限公司	4303.71	佛山
65	比亚迪股份有限公司	4240.61	深圳
81	美的集团股份有限公司	3457.09	佛山
101	顺丰控股股份有限公司	2674.9	深圳
102	广州市建筑集团有限公司	2640.78	广州
106	深圳市投资控股有限公司	2548.62	深圳
113	广州工业投资控股集团有限公司	2461.22	广州
114	广州医药集团有限公司	2380.13	广州
115	广东省广新控股集团有限公司	2379.14	广州

（续表）

排名	企业名称	营业收入（亿元）	属地
131	立讯精密工业股份有限公司*	2140.28	深圳
143	珠海格力电器股份有限公司	1889.88	珠海
163	TCL科技集团股份有限公司*	1666.32	惠州
169	珠海华发集团有限公司	1576.36	珠海
182	中国国际海运集装箱（集团）股份有限公司	1415.37	深圳
191	中国广核集团有限公司	1369.8	深圳
196	阳光保险集团股份有限公司	1318.73	深圳
210	中兴通讯股份有限公司*	1229.54	深圳
211	广东省广晟控股集团有限公司	1206.37	广州
214	金地（集团）股份有限公司	1202.08	深圳
224	神舟数码集团股份有限公司*	1158.8	深圳
234	TCL实业控股股份有限公司*	1060.86	惠州
235	广州越秀集团股份有限公司	1060.29	广州
238	广东海大集团股份有限公司	1047.15	广州
242	唯品会控股有限公司	1031.52	广州
250	广东鼎龙实业集团有限公司	1008.71	广州
262	荣耀终端有限公司*	938.72	深圳
268	深圳市爱施德股份有限公司	914.29	深圳
272	广东省建筑工程集团控股有限公司	901.3	广州
278	中国南方航空集团有限公司	882.24	广州
289	温氏食品集团股份有限公司	837.25	云浮
316	广东省能源集团有限公司	738.12	广州
317	深圳市立业集团有限公司	733.91	深圳
321	广东省广物控股集团有限公司	728.85	广州
325	心里程控股集团有限公司	721.85	深圳

（续表）

排名	企业名称	营业收入（亿元）	属地
327	研祥高科技控股集团有限公司*	715.68	深圳
383	广州产业投资控股集团有限公司	598.63	广州
395	深圳前海微众银行股份有限公司	579.83	深圳
401	明阳新能源投资控股集团有限公司	570.73	中山
404	优合产业有限公司	567.01	深圳
412	深圳市中金岭南有色金属股份有限公司	553.39	深圳
422	深圳海王集团股份有限公司	537.03	深圳
425	创维集团有限公司*	534.91	深圳
433	深圳金雅福控股集团有限公司	527.98	深圳
459	宏旺控股集团有限公司	510.07	佛山
471	广东省交通集团有限公司	500.26	广州
492	深圳锂士电源发展有限公司*	481.09	深圳
493	广州农村商业银行股份有限公司	480.64	广州

数据来源：中国企业联合会、中国企业家协会发布的2023年度中国企业500强名单，广东入围企业共有56家（电子信息行业领域企业共有10家，标注*），和2022年比少一家，广东省电子信息行业协会整理。

附表5
广东企业入围2023年中国制造业企业500强名单

排名	企业名称	营业收入（亿元）	属地
6	华为投资控股有限公司*	6423.38	深圳
8	正威国际集团有限公司	6087.6	深圳
13	广州汽车工业集团有限公司	5202.8	广州
19	比亚迪股份有限公司	4240.61	深圳
29	美的集团股份有限公司	3457.09	佛山
46	广州工业投资控股集团有限公司	2461.22	广州
47	广州医药集团有限公司	2380.13	广州
58	立讯精密工业股份有限公司*	2140.28	深圳
64	珠海格力电器股份有限公司	1889.88	珠海
77	TCL科技集团股份有限公司*	1666.32	惠州
87	中国国际海运集装箱（集团）股份有限公司	1415.37	深圳
103	中兴通讯股份有限公司*	1229.54	深圳
112	TCL实业控股股份有限公司*	1060.86	惠州
114	广东海大集团股份有限公司	1047.15	广州
128	荣耀终端有限公司*	938.72	深圳
143	温氏食品集团股份有限公司	846.37	云浮
156	深圳市立业集团有限公司	733.91	深圳
162	心里程控股集团有限公司*	721.85	深圳

（续表）

排名	企业名称	营业收入（亿元）	属地
164	研祥高科技控股集团有限公司*	715.68	深圳
186	玖龙纸业（控股）有限公司	626.51	东莞
205	明阳新能源投资控股集团有限公司	570.73	中山
213	深圳市中金岭南有色金属股份有限公司	553.39	深圳
220	深圳海王集团股份有限公司	537.03	深圳
222	创维集团有限公司*	534.91	深圳
241	宏旺控股集团有限公司	510.07	佛山
261	深圳市理士新能源发展有限公司*	481.09	深圳
267	深圳传音控股股份有限公司*	465.96	深圳
291	金发科技股份有限公司	404.12	广州
305	永道控股集团股份有限公司	381.07	深圳
310	广东德赛集团有限公司*	375.83	惠州
319	鹏鼎控股（深圳）股份有限公司*	362.11	深圳
356	中国联塑集团控股有限公司	307.67	佛山
365	深圳市东阳光实业发展有限公司	310.07	深圳
371	格林美股份有限公司*	293.92	深圳
378	广州立白凯晟控股有限公司	284.19	广州
387	惠科股份有限公司*	271.34	深圳
389	广东小鹏汽车科技有限公司	268.55	广州
400	佛山市海天调味食品股份有限公司	256.1	佛山
414	深圳市汇川技术股份有限公司	230.08	深圳
416	深圳市德方纳米科技股份有限公司*	225.57	深圳
418	欧派家居集团股份有限公司	224.8	广州
421	广州天赐高新材料股份有限公司*	223.17	广州
440	广州视源电子科技股份有限公司*	209.9	广州

（续表）

排名	企业名称	营业收入 （亿元）	属地
447	瑞声科技（控股）有限公司*	206.25	深圳
448	深圳中宝集团有限公司	204.68	深圳
473	广州无线电集团有限公司*	181.15	广州
475	广东生益科技股份有限公司*	180.14	东莞
480	广东兴发铝业有限公司	177.56	佛山
483	高景太阳能股份有限公司*	175.7	珠海

数据来源：中国企业联合会、中国企业家协会发布的2023年度中国制造业企业500强名单，广东入围企业共有49家（广东电子信息行业领域企业共有22家，标注*），广东省电子信息行业协会整理。

附表6
2023年（第37届）中国电子信息
百强企业名单

排名	地区	企业名称
1	广东	华为技术有限公司
2	北京	联想集团
3	山东	海尔集团公司
4	北京	小米集团
5	广东	TCL科技集团股份有限公司
6	北京	京东方科技集团股份有限公司
7	山东	海信集团控股股份有限公司
8	浙江	天能控股集团有限公司
9	广东	中兴通讯股份有限公司
10	四川	四川长虹电子控股集团有限公司
11	广东	TCL实业控股股份有限公司
12	江苏	亨通集团有限公司
13	浙江	超威电源集团有限公司
14	山东	浪潮集团有限公司
15	山东	歌尔股份有限公司
16	上海	华勤技术股份有限公司
17	江苏	中天科技集团有限公司
18	浙江	杭州海康威视数字技术股份有限公司

（续表）

排名	地区	企业名称
19	福建	福建省电子信息（集团）有限责任公司
20	江苏	立臻科技（昆山）有限公司
21	河北	晶澳太阳能科技股份有限公司
22	浙江	闻泰科技股份有限公司
23	浙江	富通集团有限公司
24	江苏	立凯精密科技（盐城）有限公司
25	江苏	南通华达微电子集团股份有限公司
26	湖北	中国信息通信科技集团有限公司
27	广东	创维集团有限公司
28	上海	中芯国际集成电路制造有限公司
29	四川	四川九洲投资控股集团有限公司
30	江苏	通鼎集团有限公司
31	浙江	宁波均胜电子股份有限公司
32	江苏	南瑞集团有限公司
33	浙江	新华三信息技术有限公司
34	湖南	湖南裕能新能源电池材料股份有限公司
35	安徽	阳光电源股份有限公司
36	广东	广东德赛集团有限公司
37	江苏	永鼎集团有限公司
38	江苏	江苏长电科技股份有限公司
39	浙江	舜宇集团有限公司
40	上海	上海仪电（集团）有限公司
41	浙江	浙江富春江通信集团有限公司
42	广东	深圳华强集团有限公司
43	上海	上海华虹（集团）有限公司

（续表）

排名	地区	企业名称
44	江苏	苏州东山精密制造股份有限公司
45	浙江	浙江大华技术股份有限公司
46	上海	联合汽车电子有限公司
47	浙江	立讯智造（浙江）有限公司
48	上海	上海龙旗科技股份有限公司
49	浙江	东方日升新能源股份有限公司
50	广东	康佳集团股份有限公司
51	浙江	宁波容百新能源科技股份有限公司
52	北京	同方股份有限公司
53	天津	天津巴莫科技有限责任公司
54	安徽	国轩高科股份有限公司
55	北京	航天信息股份有限公司
56	江苏	江苏润阳新能源科技股份有限公司
57	上海	环旭电子股份有限公司
58	陕西	陕西电子信息集团有限公司
59	广东	广州无线电集团有限公司
60	江苏	昆山联滔电子有限公司
61	安徽	安徽天康（集团）股份有限公司
62	浙江	横店集团东磁股份有限公司
63	浙江	正泰新能科技有限公司
64	河南	许继集团有限公司
65	浙江	晶科能源（海宁）有限公司
66	湖南	株洲中车时代电气股份有限公司
67	贵州	铜陵精达特种电磁线股份有限公司
68	江苏	南通瑞翔新材料有限公司

（续表）

排名	地区	企业名称
69	北京	北方华创科技集团股份有限公司
70	浙江	浙江万马股份有限公司
71	广东	欧菲光集团股份有限公司
72	甘肃	天水华天电子集团股份有限公司
73	上海	上海移远通信技术股份有限公司
74	湖北	长飞光纤光缆股份有限公司
75	广东	深南电路股份有限公司
76	江苏	通光集团有限公司
77	广东	深圳市泰衡诺科技有限公司
78	湖北	骆驼集团股份有限公司
79	天津	曙光信息产业股份有限公司
80	广东	深圳传音制造有限公司
81	北京	北京智芯微电子科技有限公司
82	湖北	湖北万润新能源科技股份有限公司
83	江苏	江苏当升材料科技有限公司
84	湖北	华工科技产业股份有限公司
85	广东	深圳市康冠科技股份有限公司
86	广东	深圳市天珑移动技术有限公司
87	福建	厦门宏发电声股份有限公司
88	浙江	浙江南都电源动力股份有限公司
89	江苏	苏州旭创科技有限公司
90	上海	华域视觉科技（上海）有限公司
91	广东	深圳市共进电子股份有限公司
92	江西	联创电子科技股份有限公司
93	四川	绵阳惠科光电科技有限公司

（续表）

排名	地区	企业名称
94	江苏	常州亿晶光电科技有限公司
95	浙江	浙江晶盛机电股份有限公司
96	浙江	三维通信股份有限公司
97	广东	广州视琨电子科技有限公司
98	浙江	浙江长城电工科技股份有限公司
99	浙江	富联统合电子（杭州）有限公司
100	江苏	华润微电子有限公司

数据来源：中国电子信息行业联合会发布的2023年度（第37届）中国电子信息百强企业名单，广东入围企业共有17家，比2022年减少5家，广东省电子信息行业协会整理。

附表7
2023年（第22届）中国综合PCB百强企业名单

排名	企业名称	2022营业收入（亿元）	增长率（%）
1	鹏鼎控股（深圳）股份有限公司	362.11	8.7
2	苏州东山精密制造股份有限公司	218.19	6.5
3	健鼎科技股份有限公司	142.87	2.0
4	深南电路股份有限公司	139.92	0.4
5	华通电脑股份有限公司	130.11	18.4
6	欣兴电子股份有限公司	115.01	24.0
7	建滔集团有限公司	113.2	−3.2
8	奥特斯（中国）有限公司	111.00	30.6
9	深圳市景旺电子股份有限公司	105.14	10.3
10	沪士电子股份有限公司	83.36	12.4
11	安捷利美维电子（厦门）有限责任公司	82.65	14.9
12	胜宏科技（惠州）股份有限公司	78.85	6.1
13	崇达技术股份有限公司	58.71	−2.1
14	台郡科技股份有限公司	57.72	10.9
15	深圳市兴森快捷电路科技股份有限公司	53.54	6.2
16	瀚宇博德科技（江阴）有限公司	52.45	−18.3
17	奥士康科技股份有限公司	45.67	3.0
18	广东世运电路科技股份有限公司	44.32	17.9

（续表）

排名	企业名称	2022营业收入（亿元）	增长率（%）
19	志超科技股份有限公司	42.23	-22.0
20	南亚电路板（昆山）有限公司	40.00	14.3
21	名幸电子有限公司	39.52	-3.6
22	金像电子股份有限公司	38.55	20.5
23	生益电子股份有限公司	35.35	-3.1
24	超颖电子电路股份有限公司	35.25	-18.5
25	珠海方正印刷电路板发展有限公司	33.65	4.9
26	深圳市深联电路有限公司	33.30	2.4
27	高德电子集团	32.99	7.8
28	广东依顿电子科技股份有限公司	30.58	5.2
29	惠州中京电子科技股份有限公司	30.54	3.7
30	深圳市五株科技股份有限公司	29.68	-17.2
31	汕头超声印制板公司	29.62	2.9
32	博敏电子股份有限公司	29.12	-17.3
33	厦门弘信电子科技集团股份有限公司	27.92	-12.6
34	广东科翔电子科技股份有限公司	26.37	17.0
35	广东骏亚电子科技股份有限公司	25.73	-5.6
36	嘉联益电子（昆山）有限公司	24.24	-1.9
37	江西红板科技股份有限公司	22.00	-7.9
38	深圳明阳电路科技股份有限公司	19.69	6.2
39	湖南维胜科技有限公司	18.27	-2.6
40	珠海越亚半导体股份有限公司	16.75	5.1
41	深圳中富电路股份有限公司	15.37	6.7
42	金禄电子科技股份有限公司	14.96	12.7
43	竞华电子（深圳）有限公司	14.50	-14.0

（续表）

排名	企业名称	2022营业收入（亿元）	增长率（%）
44	景硕科技股份有限公司	14.09	16.3
45	昆山华新电子集团有限公司	13.26	−18.5
46	中电科普天科技股份有限公司智能制造事业部	13.19	4.6
47	礼鼎半导体科技（深圳）有限公司	12.41	—
48	先进电子（珠海）有限公司	12.29	47.5
49	四会富仕电子科技股份有限公司	12.19	16.1
50	江西联益电子科技有限公司	11.83	20.5
51	惠州市特创电子科技股份有限公司	11.52	8.5
52	常州澳弘电子股份有限公司	11.26	5.1
53	上达电子（黄石）股份有限公司	11.08	—
54	东莞康源电子有限公司	11.00	−3.3
55	深圳市明正宏电子有限公司	10.95	−14.5
56	上海展华电子（南通）有限公司	10.60	0.8
57	吉安满坤科技股份有限公司	10.42	−12.4
58	竞陆电子（昆山）有限公司	10.36	−17.5
59	江西中络电子有限公司	10.09	−13.5
60	福莱盈电子股份有限公司	10.00	−23.4
61	昆山万源通电子科技股份有限公司	9.70	—
62	江苏迪飞达电子有限公司	9.70	−4.9
63	荣晖集团	9.69	5.4
64	敬鹏工业股份有限公司	9.52	15.3
65	揖斐电电子（北京）有限公司	9.27	5.0
66	昆山万正电路板有限公司	9.13	−3.7
67	四川英创力电子科技股份有限公司	9.04	−10.3
68	江西旭昇电子有限公司	9.02	−13.7

（续表）

排名	企业名称	2022营业收入（亿元）	增长率（%）
69	信丰福昌发电子有限公司	8.81	8.5
70	江苏苏杭电子集团有限公司	8.60	−19.2
71	欣强电子（清远）有限公司	8.39	−22.0
72	江西威尔高电子科技有限公司	8.37	−2.7
73	全成信电子（深圳）股份有限公司	8.03	−10.2
74	龙宇电子（梅州）有限公司	7.99	−18.8
75	湖北龙腾电子科技有限公司	7.90	14.8
76	毅嘉科技股份有限公司	7.78	−5.7
77	永捷电子科技（天津）股份有限公司	7.58	1.3
78	浙江罗奇泰克科技有限公司	7.41	−9.3
79	赣州市超跃科技有限公司	7.34	7.9
80	深圳市强达电路有限公司	7.31	3.0
81	乐健科技（珠海）有限公司	7.30	18.1
82	梨树全创科技有限公司	7.21	—
83	江苏协和电子股份有限公司	6.88	−6.3
84	梅州鼎泰电路板有限公司	6.77	—
85	中山市宝悦嘉电子有限公司	6.72	—
86	深圳市金百泽电子科技股份有限公司	6.52	−6.7
87	浙江欧珑电气有限公司	6.51	—
88	白井电子科技（珠海）有限公司	6.49	12.3
89	广东兴达鸿业电子有限公司	6.18	−5.4
90	江门市奔力达电路有限公司	6.14	−17.5
91	昆山市华涛电子有限公司	6.00	−8.8
92	德威宝（香港）电子有限公司	5.92	−4.8
93	奕东电子科技股份有限公司	5.88	−0.7

（续表）

排名	企业名称	2022营业收入（亿元）	增长率（%）
94	赣州金顺科技有限公司	5.87	−12.0
95	希门凯电子（无锡）有限公司	5.86	−8.7
96	铜陵安博电路板有限公司	5.84	−15.7
97	天津普林电路股份有限公司	5.81	−17.0
98	深圳市星河电路股份有限公司	5.61	−36.3
99	江苏本川智能电路科技有限公司	5.59	—
100	深圳市新宇腾跃电子有限公司	5.50	−40.5

数据来源：中国电子电路行业协会发布的2023年（第22届）中国综合PCB百强企业名单，广东入围企业共有43家，比2022年减少2家，广东省电子信息行业协会整理。

后　记

　　《广东省新一代电子信息行业发展报告（2024）》由广东省电子信息行业协会编撰完成。2023年是全面贯彻党的二十大精神的开局之年，也是疫情防控转段后经济恢复发展的一年。面对全球经济复苏乏力、局部冲突频发、市场透支及库存积压等不利因素，广东坚持制造业当家，积极培育电子信息行业新质生产力，全年行业运行呈现先抑后扬走势，展现出坚强韧性，持续发挥着稳定全省工业经济"压舱石"作用，挑起全国电子信息制造业高质量发展的"大梁"。本书是广东省电子信息行业协会一年一度的电子信息行业研究成果，展现了新形势下对电子信息行业的跟踪和思考。

　　本书力求为广东省地方各级政府、行业企业和研究人员把握电子信息行业的发展脉络、研判其前沿趋势提供参考。在研究和编写过程中，本书得到了政府相关职能部门、行业专家、企业等的大力支持和指导，并在此一并表示诚挚的感谢。本书虽经过研究人员和专家的严谨研究和不懈努力，但由于能力和水平有限，疏漏和不足之处在所难免，敬请广大读者和专家批评指正。同时，希望本书的出版，能为我国、广东省电子信息行业管理工作及产业健康、高质量发展提供有效支撑。

2024年12月